国家出版基金项目
NATIONAL PUBLICATION FOUNDATION

辛亥著名人物传记丛书

邹小站 著

章士钊

团结出版社
UNITY PRESS

图书在版编目（ＣＩＰ）数据

　　章士钊 / 邹小站著. -- 北京 ：团结出版社，
2011.6（2021.6 重印）
　　（辛亥著名人物传记丛书）
　　ISBN 978-7-5126-0407-0

　　Ⅰ．①章… Ⅱ．①邹… Ⅲ．①章士钊（1881～1973）
一传记 Ⅳ．①K825.4

　　中国版本图书馆 CIP 数据核字(2011)第 058862 号

出　　版：团结出版社
　　　　　（北京市东城区东皇城根南街 84 号　邮编：100006）
电　　话：(010) 65228880　65244790 （出版社）
　　　　　(010) 65238766　85113874　65133603（发行部）
　　　　　(010) 65133603（邮购）
网　　址：http://www.tjpress.com
E-mail：zb65244790@vip.163.com
　　　　　tjcbsfxb@163.com（发行部邮购）
经　　销：全国新华书店
印　　装：三河市东方印刷有限公司

开　　本：170mm×240mm　　16 开
印　　张：15
字　　数：196 千字
版　　次：2011 年 6 月　　第 1 版
印　　次：2021 年 6 月　　第 3 次印刷
书　　号：978-7-5126-0407-0
定　　价：39.00 元

辛亥著名人物传记丛书
总序言

  整整一百年前，在中国处于半殖民地半封建黑暗统治的时代，爆发了一场对中国历史发展进程产生巨大影响的革命，这就是以伟大的革命先行者孙中山为代表的革命党人发动的辛亥革命。这场革命，是中国近代历史上一次比较完全意义的反帝反封建的民族民主革命，它推翻了清朝政府，结束了中国几千年的封建君主专制制度，同时沉重打击了帝国主义在华侵略势力。中华民国的建立，标志着中国历史进步的新纪元。辛亥革命极大地推动了中华民族的思想解放，为中国先进分子探索救国救民的道路打开了新的视野，八年后，五四运动爆发；十年后，中国共产党诞生。辛亥革命开启的革新开放之门，对于推动中国社会的发展与进步具有不可估量的历史功绩和伟大意义。

  以孙中山为代表的革命党人，在开启思想闸门、传播先进思想、点燃革命火种、推动历史进步的过程中发挥了重要作用。他们站在时代前列，为追求民族独立和民主自由而向反动势力宣战；他们不惜流血牺牲，站在斗争一线浴血奋战；他们具有坚定的信念和坚强的意志，愈挫愈奋，在失败中不断汲取和凝聚新的力量；他们适应历史发展的趋势，与时俱进，不断修正前进的方向和斗争的目标。正是因为有了这样一批革命先驱和仁人志士，才有了辛亥革命的爆发，也才有了以此为开端的中国民族民主革命的不断发展和最终胜利。当然，我们在分析评价历史人物时，既要看到他们有超越时代的进步性，又要看到他们不可避免地受到社会客观条件影响而具有的局限性与片面性，这是我们在看待历史人物时应当坚持的历史唯物主义态度，也就是既不文过饰非，也不苛求前人。

几十年来，关于辛亥革命及其重要人物的研究工作不断深入，也陆续出版了大量的图书、画册等，但仍然不十分系统和完整，有些出版物受到时代因素和其他客观条件的影响，难免有失偏颇和疏漏。在即将迎来辛亥革命100周年的时刻，团结出版社编辑出版了本套《辛亥著名人物传记丛书》，并得到国家出版基金的资助，这充分表明了国家对于辛亥革命历史研究的重视。这套丛书的出版，无疑是一件非常有意义的事，既可以对辛亥革命的研究工作起到重要的填补空白和补充资料的作用，同时也是对立下丰功伟绩的仁人志士的纪念与缅怀。

为了保证本套丛书的编辑质量，编辑委员会在民革中央的领导下，做了大量认真细致的组织工作，特别是邀请了著名专家金冲及先生、章开沅先生、李文海先生担任顾问，他们在百忙之中分别对本套丛书的编辑思想、人物范围、框架体例、写作要求等方面提出了重要的指导性意见，成为本套丛书能够高质量出版的重要保证。此外，参与本套丛书写作的，都是在近代历史和人物的研究方面卓有建树的专家学者，他们既有对辛亥革命历史进行深入研究的学术功底，又有较丰富的写作经验和较高的文字水平，因此，我们可以寄希望于本套丛书的出版，会对推动辛亥革命及其重要人物研究工作的不断深入起到重要作用，对弘扬爱国主义、提高民族凝聚力，实现中华民族的伟大复兴产生积极的影响。

周铁农

2011年3月16日

目　录

章士钊

章 士 钊

第一章

小生束发初出门
呼起风潮黄浦边

长沙乡下读书郎

废学救国闹革命

假借《苏报》掀狂潮

创设《国民日日报》，继续《苏报》事业

创立东大陆图书译印局，编印革命书籍

为革命入监狱

晚年章士钊像

一、长沙乡下读书郎

章士钊，幼名永焘，字行严，又字行年，笔名有黄中黄、韩天民、汉种之中一汉种、爱读革命军者、青桐、民质、秋桐、无卯、烂柯山人、孤桐等。永焘的"永"字是他在族谱上的辈分。黄中黄、韩天民、汉种之中一汉种、爱读革命军者，是他鼓吹"排满"革命时用的笔名。无卯、烂柯山人是他办《甲寅》月刊时用的笔名，其中无卯是"无母"的谐音，意思是说他当时已是无母之人，以纪念他的母亲刘氏。青桐、秋桐、孤桐，是人们最为熟知的章士钊的三个笔名。这三个名字颇有来历。章士钊早年在长沙老家读书，其屋前庭院有两棵桐树，东边是一棵老桐树，叶重荫浓，苍然气古；西边是一棵少桐，皮青干直。少年章士钊常徜徉于这两棵树下，读书习字，吟诗作文。两棵桐树中，意气风发的少年章士钊尤爱那棵少桐。

桐树一般长得又高又直，其高直的品性颇为士大夫喜爱，咏桐之诗不少见。其中，章士钊颇喜白居易《云居寺孤桐》一诗，其诗云："一株青玉立，千叶绿云委。亭亭五丈余，高意犹未已。山僧年九十，清净老不死。自云手种时，一颗青桐子。直从萌芽拔，高自毫末始。四面无附枝，中心有通理。寄言立身者，孤直当如此。"少年章士钊颇喜桐树"直从萌芽拔，高自毫末始"的品性，又爱白居易此诗，因隐然以少桐自命，自号"青桐子"。后来他就以"青桐"为笔名在《国民日日报》发表诗文鼓吹革命。1907年后，章士钊留学英国，"所事无成而马齿加长"，"旅居无憀，黯然有秋意，感于诗人秋雨梧桐之思，遂易青而为秋"，改名为"秋桐"。他发表在《帝国日报》上的文章，大都用"秋桐"笔名。1912年，他归国主同盟会的机关报《民立报》笔政，用其字"行严"发表评论。但言论经常与同盟会相左，一些激进分子乃攻击章士钊曾以"秋桐"鼓吹君主立宪，是一个立宪派，他做《民立报》主笔别有阴谋。章士钊担心因自己而引起同盟会的分裂，又气愤于同盟会中，激烈分子对他的人身攻击，乃脱离《民立报》，另创《独立周报》，"大书秋桐，以示无畏"，恢复"秋桐"的笔名。1914年，他创办《甲寅》月刊，仍用"秋桐"为笔名鼓吹民主政治。《甲寅》是当时中国最为重要的政治论坛，章士钊也以办《甲寅》而得盛名，于是人们就常常以"秋桐先生"称呼他。而他的盟兄章太炎却不以为然，说"秋桐"是《红楼梦》中贾琏之妾的名字，很是不雅。1925年，章士钊创办《甲寅》周刊时，又易名"孤桐"，其意取自白居易《云居寺孤桐》诗，以孤直自期，盖感于他当时的处境。其时，章士钊以一个在学术界与思想界颇具声望的学者与政论家，出任段祺瑞执政府的司法总长与教育总长，以"整顿学风"自任，限制学生运动；又鼓吹以农立国，反对新文化运动和白话文学运动，鼓吹礼教复兴论，捍卫文言，所以他一时变得十分孤立。但他又坚信自己的主张是正确的，并不顾四起的谤议，坚持鼓吹自己的主张，认为不如此，他就没有尽责，就心有不安。正是在这样的情形下，他改名"孤桐"，意思是说，他虽然孤立，但他将不畏非议，做一个无愧于心的正直的人。

1881年3月20日（清光绪七年二月二十一日），章士钊出生在长沙东乡和佳冲一个耕读之家。长沙章氏在全国章氏中，并非望族，其世系也不十分清楚。章士钊家族累代为农，到他曾祖父一辈才积聚了些财富，成为地主。他祖父润生公已是一个大地主，据章士钊说，到他祖父时，他家田产颇多，每年可收租谷两千五百石左右。在长沙一带，章家算得上是大地主。但到他的父辈，家业又迅速衰落。章士钊的父亲一辈共有六房，同治末年析产，每房分得年可收租谷三百余石的田产，但到1895年他祖父去世时，除他父亲因为常年在外教书谋生，尚保留一半左右田产外，其他五房的田产均已典卖殆尽。章士钊的祖父去世后，各房又分得年收租谷百石左右的田产。合起来，1895年后章士钊的父亲有年收租谷二百余石的田产，可算是一个中等地主。

据章士钊1935年为长沙《章氏河间堂续修族谱》所写序言称，长沙章氏"始修族谱序称，章氏受姓，本太公之支封，因鄣邑以为氏。传至衢云公，讳意，明万历时由蓟北迁楚南，卜筑长沙河西之它里市，继又移宅省垣。……再世子器公丁明季以屯籍，承当邮役，疲于供命，至祥之公始能脱籍，徙居黄许"。至六世，已分八房。从第八世起，其辈分派名为："国家永立，忠孝伦全，业安仁里，化乐光天，学崇正道，品绍名贤，读书世泽，礼义心田，真才中范，宏量如川，明体致用，守经达权，德修一念，功建百年，人文蔚起，祖绪绵延。"可见，长沙章氏，群望于河间，堂号河间堂，明末始迁湖南长沙，到章士钊已是第十代。

章士钊的祖上没什么读书人，也没什么达官贵人，直到他祖父一辈，由于有田产，"始读书求科名以传其子孙"。到章士钊这一辈，章家已是书香门第。章士钊的父亲章锦，字芗坪，排行第九，人称"章九太爷"，是一个乡村塾师，也是一位儒医，"一生行善，以医全活人甚众"，又曾任里正，热心地方事务，"为人解纷犹肯用力"，在地方上享有很高的声望。章士钊兄弟四人，长为章士瑛（字秬年），次为章士爵，三为章士钊，四为章士夏（字陶年，以章勤士行世），其中长、次为曹夫人所出，章士钊、章士夏为刘夫人所出。章士钊的母亲刘氏出身书香门第，知书达理，甚贤惠。章士钊后来在与梁漱溟的通信中称道其母之贤，说"愚母刘太夫人，其贤亦如先生之母。幼时讲诵，母课甚勤。愚初习试帖，每就母征典请韵。其时篝灯伴读，夜雨微吟，母子二人相依为命"。

章士钊兄弟四人，都受过良好的旧式教育，且都长于书法。章士瑛，"以书家名"。章士爵为一残疾人，一生无甚成就，但也写得一手好字。章士钊居三，也是一位书法家，其字大为识者所叹。章士钊的一位堂兄，仲鱼，亦精于书法，"书宗钟、王，功力极厚"。章氏兄弟长于书法，一个重要原因是章家与道州何氏有亲戚关系，因此他们兄弟就收集了不少何绍基及其朋辈的手迹，得以临摹。

章士钊有一位年纪比他父亲芗坪公还要大的堂兄章寿麟。在章士钊之前，章寿麟曾经使历史上一直湮灭无闻的长沙章氏家族辉煌过一番。章寿麟，字价人，曾为曾国藩幕僚。1854年，曾国藩率军在靖港与太平军作战，以兵败而投水自尽，被章寿麟从水中强行救起。章寿麟以救曾有功，累官至直隶州知州，留安徽补用知府，曾署江西新建令。不过，章寿麟"不言禄，禄亦弗及"，一直未得曾国藩的重用，浮沉牧令间二十余年。寿麟有子二，长章同，字觐瀛，曾任县令，以才见称；次章华，字曼仙，二十三岁中进士，入翰林院，名声渐起。这是章士钊家族数百年来不曾有过的辉煌，"此时家声之大，数百年来所未有也"。这对少年章士钊有很大的影响，他十五六岁时，其父常对他讲述章寿麟一家人的事功，勉励士钊发奋努力，为章家争光。曾国藩去世后，章寿麟曾泛舟重游他当年救曾国藩出水的地方，追忆当时遇难情景，感叹自己不被重用的遭遇，伤于当初骁勇剽悍、不畏死伤的湘军，现已暮气深沉，不复可用的事实，乃作一幅名为《铜官感旧图》的画。画成后，遍征当时名流如左宗棠、王闿运、李元度等人为诗文记叙其事。章寿麟去世后，其子章同等又续请吴汝纶等人为诗文述评章寿麟救曾国藩之事，并将《铜官感旧图》以及征集到的名人诗文汇编成《铜官感旧图题咏》一书，刊行于世。少年章士钊对家族中的这一盛事十分清楚，也很自豪。从那时起，他就想将来要用自己的笔来宣扬他家的这一盛事，光大章家门楣。可见，与一般的旧式士大夫一样，章士钊早年有光大门楣的志向。对于宗族观念十分浓厚的中国士大夫来说，这样的志向，十分正常。

章士钊从小在其长兄章士瑛的私塾读书，在章士瑛的指点下一面学作八股文章，一面又习训诂之学，受过系统的旧式教育。少年章士钊读书十分用功，"家贫书不多，倾帙求賖详；夜午不肯息，明发同鸡荒"，以致因用功过度而至吐血，可谓蛮劲十足。他曾购得戴震的《孟子字证疏义》一部，读后十分喜欢，于是"手抄一通，置于随身枕函"，爱不释手，颇有书痴的劲头。十三岁那年，他在长沙城购得一部柳宗元的文集，从此嗜好柳文，之后近八十年，柳宗元文集他都随身携带。柳宗元的文章对他有着极大的影响，他那种简洁有法，铿锵有力，字斟句酌，语无虚说，文无空落的文风，就受了柳宗元的影响。

在人生道路的抉择上，与一般的传统文人一样，章士钊有以文字为安身立命之所的取向。少年时"在长沙稍习词翰"，即对清初钱牧斋、吴梅村等赫然为一代文宗，"窃向往焉"。十七八岁时，他读到曾国藩所写《欧阳生文集序略》，"以想见近代文艺之富，家数之出入，辄不胜向慕，隐然以求衍其派于湖湘之责自任"。可见，在湖南光大桐城派文学是章士钊早年的又一志向。这种志向，影响了他此后的人生道路。

少年章士钊由于埋头古书，一心想走文学之路，眼界有限，"少时志王道，治化缅尧汤"，其理想的政治秩序只是尧舜禹汤之治，新思想、新知识对他的影响并不大。甚至连湖南维新运动这样发生在他身边的重大历史事件，对埋头古书，一心想走文学之路的章士钊都没有产生太大影响。

1895年，中国在中日甲午战争中失败，堂堂中华败于一向被中国士人视为"蕞尔岛夷"的日本，给中国思想界带来了巨大的刺激，变法维新运动因以兴起。1896年到1898年，在湖南地方官陈宝箴、黄遵宪、江标等的支持与参与下，熊希龄、谭嗣同、梁启超、唐才常等，在湖南组织学会，开办学堂，设立报馆，筹办近代警政，宣传变法维新思想，使湖南成为当时全国"最有朝气的省份"。这对当时湖南尤其是长沙知识界产生不小的影响，据谭嗣同说，《湘报》与《时务报》当时在长沙城各能销售千余份。这时的章士钊是个十六七岁的少年，对梁启超等人的主张并无多少领会，但很可能接触到梁启超等人的思想，他的弟弟章勤士就是时务学堂三班的学生；同时他因与湘中诗人舒闰祥交往密切，与当时长沙文坛的所谓"十二神"沈荩等人有些交往。1898年，他参加长沙县试，结识秦力山。沈荩、秦力山、舒闰祥等都是维新分子。但此时，章士钊想走文学之路，对政治似乎兴趣不大，他与沈荩、秦力山、舒闰祥等人交往，主要是以文会友。在此期间，章士钊家中遭遇变故，先是其祖父润生公于1895年离世，其后，1897年，其母刘氏卒。其母去世后，为生活所逼，章士钊到一刘姓亲戚中为童子师，时间有两年多。

可以说，少年章士钊的志向与思想均平淡无奇，如果不是后来民族矛盾日益尖锐，章士钊走出湖南，那么章士钊就会与一般旧时代的读书人一样，一生就读读圣贤之书。要是幸而科场得意，就走入官场，在官场摸爬滚打，借此实现他光前裕后的志向。要是屡考不中，而他又胸中学识有限，那么他就当三家村塾的塾师，教几个山村顽童，写写让自己得意的文字，终老林泉，如是而已。要是考而不中，但他胸有锦绣，那就或者给别人当幕僚；或者就当名士，隐逸江湖；或者就仗着文章写得不错，字也写得不错，则为吊诡之文章，做龙蛇之字体，卖文卖字为生，给别人写写传状碑铭，书书扇头楹联，赚几个钱花，当个无聊文人。

然而时代的风云很快将章士钊从故纸堆中震醒，使他走出湖南，改变了他走文学之路的既定志向，乘时代风云，走上革命道路。

二、废学救国闹革命

戊戌政变后，中国出现了一个反动倒退的历史时期。三年的反动带来全面的倒退。1899 年又发生己亥立储风潮。由于康有为、梁启超等维新主将逃亡海外后，仍继续鼓吹变法维新，并把光绪皇帝塑造成一个力主维新变法以救中华的皇帝，号召人们推翻西太后的反动统治，恢复光绪帝的权位，以拯救中国。以西太后为首的保守势力遂视光绪为眼中钉肉中刺，必欲除之而后快，遂对外伪称光绪身体不佳，以此为由要为光绪立储，并逐渐废黜光绪皇帝。但此举既得不到一些地方大员如刘坤一等人的支持，也得不到西方列强的支持，更遭到进步人士的强烈反对。正好那时中国出现了因不满列强侵略的义和团运动。以西太后为首的保守势力为实现废黜光绪皇帝的目的，又因他们昏聩无知，对义和团刀枪不入、神拳无敌的神话深信不疑，竟异想天开，想利用义和团去驱逐洋人。最后的结果是八国联军侵华，史称"庚子事变"。

1900 年 8 月，八国联军攻陷北京。同月，唐才常在长江流域发动自立军起义。章士钊的朋友舒闻祥、沈荩、秦力山等人都参与其事。起义很快失败，与事者或被害，或逃亡。舒闻祥在起义失败后，回湘避难，曾向章士钊讲述起义情况及诸烈士就义情形。舒闻祥遭清廷追捕而耻于对簿，遂饮金自尽。自杀前数日，曾写下八首有关自立军起义的诗交给章士钊，但章士钊当时并不深解其中意味。庚子事变与自立军起义对埋头古书的章士钊无疑产生了影响。尤其是庚子事变之后签订的《辛丑条约》，更打破了章士钊想走文学之路的梦想，他很快感到民族危机的严重性。他后来回忆说，"独忆辛丑岁，豹变潜非常"。就这样，年始弱冠的章士钊，萌生了济世之意。

章士钊的济世之意，在他走出湖南后，化为了实际行动，促使他走出湖南的是其姐姐。由于长期用功苦读，章士钊的身体十分虚弱。辛丑冬，他姐姐回娘家探亲，见士钊身瘦体弱之状，心痛如绞，乃严令士钊出外游历，一以将养身体，二以出外访师，以求学问之长进。她为章士钊、章勤士兄弟置办了行装，筹措了盘缠。就这样，章士钊带着章勤士外出远游。但是他对自己究竟要到什么地方去游历、要学习什么东西，却并没有明确的计划。

他首先到武昌，想投考两湖书院，但因已错过学校的招生时间，无法入校学习。恰好，他以前的同学王闿宪此时在两湖书院求学，他就借住在王闿宪那里。在两湖书院，章士钊结识了当时在那里求学，后来成为辛亥革命著名领袖的黄兴。不过那时，他与黄兴彼此并无深交，不过一起嬉闹玩耍而已。过了一段时间，由于盘缠将尽，而时已隆冬，气候日渐寒冷，迫于衣食，他只好去赚钱谋生。经过他的业师张劭熙的介绍，他到朱启钤家教私塾。章士钊后来在《示伻》一诗中说到他和章勤士的这段生活称："天涯两贫生，馆人日追租。欲赴四门学，往往生龃龉。日暮寒风起，相抱呼呜呜。"

1902年春，章士钊离开武昌，带着章勤士到南京投考江南陆师学堂，并双双被录取。当时入学考试的国文题为"无敌国外患者国恒亡论"。章士钊"一小时草'无敌国外患者国恒亡论'数千言，辞趣敏妙"，深得学堂总办俞明震赏识。他的同乡马惕吾在该校教授国文、史地，对章士钊也很器重。江南陆师学堂是张之洞 1896 年创办的,学生分马队、步队、炮队、工程队、台炮各门,课程有兵法、行阵、地理、测量、绘图、算术、营垒、桥梁,学习期限为三年,前两年学习各门课程,第三年专习炮法,外语为德语,学校所聘外教为德国教习。

在江南陆师学堂求学时,章士钊受到梁启超的影响。1902 年 2 月,梁启超在东京创办《新民丛报》,张出"新民"的旗帜,系统介绍西方资产阶级的思想与学说,对其时的中国思想界产生了不可估量的影响。江南陆师学堂就有人订有该报,章士钊不仅阅读该刊,还曾以"章邱生"之名将舒闻祥自尽前写给他的那八首诗抄寄给梁启超,梁曾写信给"章邱生",要求说明诗的来历。同时,章士钊读到谭嗣同的《仁学》,接触了谭嗣同激烈的"反满"思想和冲决网罗的平等思想。可以说,江南陆师学堂时期,章士钊接受了不少新思想、新名词,比较在长沙老家埋头古书、只会用蛮功的那个章士钊,他已不复当年"吴下阿蒙"。

1901—1903 年,是资产阶级民主革命思潮逐步形成的年代。清政府对戊戌维新运动的镇压,已迫使一部分激进的知识分子走上革命道路,自立军起义就是知识分子走向革命的一个重要事件。起义失败后,不少参与起义而侥幸生还的知识分子逐步与保皇思想划清界限。庚子事变与《辛丑条约》的签订充分暴露清政府的昏庸腐败,使民族危机空前严重,民族生存问题已成为越来越多有识之士必须考虑的首要问题。1901—1903 年间,"反满"革命思想在留日学生与以上海为中心的新式学堂学生中迅速兴起、扩大。"反满"的宣传品与组织首先在清廷无力控制的留日学生中出现,在国内则出现了学生因不满学堂当局的压制而成批退学的学潮。

首先是 1902 年 11 月发生的南洋公学二百多名学生因学堂无理开除学生而集体退学的风潮。风潮发生后,退学学生在蔡元培等人组织的中国教育会的帮助下,成立爱国学社,继续求学。等到年后各校陆续开学,各校学生在听说南洋公学退学风潮后，开始骚动起来。1903 年初，上海《苏报》馆主人陈范将该报交给中国教育会与爱国学社去编辑。在吴稚晖等人主持下，《苏报》特设"学界风潮"一栏，揭露各地学堂内的黑暗现象，鼓动学潮。于是，士气骤动，退学风潮风靡江浙各校。一旦有学校闹风潮，爱国学社总是打电报去鼓励学生，并邀请退学学生到上海参加爱国学社。于是，风潮越来越大。

当退学风潮风起云涌时，作为江南陆师学堂学生领袖的章士钊自然不甘人后，也在学校鼓动风潮。1903 年 4 月 3 日，江南陆师学堂三十多名学生因反对学堂无理开除学生而集体退学，章士钊即率这三十多名学生（章勤士也在内）离开南京，奔赴上海，参加爱国学社，走上废学救国的道路。这时的章士钊豪情万丈，"自以为壮志毅魄，呼啸风云，吞长江而吹歇潮"，坚决要"废学救国"，两位恩师俞明震、马惕吾，百般劝阻，都不管用。

三、假借《苏报》掀狂潮

章士钊等人到上海后，首先进入爱国学社学习。其时，留日学生为拒俄组织拒俄义勇队，从事训练，以备国家有事时能赴前敌效命。留日学界希望上海响应，上海的爱国学社也拟组织义勇队，但缺乏军事人才充任教练。故当江南陆师学堂发生学生退学风潮时，爱国学生的重要人员吴稚晖即说，"我们之义勇队不患无教练之人矣"。当退学学生派章士钊、秦力山到上海与爱国学社接触时，爱国学社各成员均极表欢迎，表示学社将增租房屋以容纳退学学生，并免除其一切费用。随后章士钊等率退学学生到上海加入爱国学社。

爱国学社分四班上课，同时进行军事训练。章士钊一面在爱国学社学习，一面利用曾在军事学校学习的经历在爱国学社内充当军事教员。爱国学社的军事训练分八队进行，章士钊、秦力山等陆师退学学生以及爱国学社原有体育教师充当军事教习，受训社员中有蔡元培、吴稚晖、黄宗仰等爱国学社重要成员并其他志愿加入的社员共计96人，原拟组织的义勇队也正式定名为军国民教育会。为扩大义勇队的规模，吸引更多的军事人才加入，5月3日，章士钊、徐大纯、林懿均等12位陆师学堂退学学生又在《苏报》上发表《陆师退学生与陆师毕业诸君函》，鼓动在日留学的师兄们回国活动。

当时上海聚集了一大批革命志士，章士钊与他们一一结识，并与章太炎、张继、邹容结为兄弟。那时，章太炎在爱国学社担任国文教员，公开鼓吹"反满"革命，讲课时"多述明清兴废之事，意不在兴学"。张继与邹容也刚从日本被遣送回国，到了上海。他们被遣送回国的原委是：那时清政府委派在日本管理湖北留日学生的学监姚昱经常排斥和迫害爱国学生，引起学生们的强烈反感。1903年3月31日，张继、邹容、陈独秀等人发现姚某的奸情，遂闯入姚宅，由张继抱腰，邹容捧头，陈独秀挥剪，剪去姚某的辫子以代割首之恨。事后他们三人被日本政府遣送回国。回国后，张继、邹容到上海参加爱国学社，陈独秀则回安徽进行革命活动。张继、邹容到上海后，与章士钊住在一起，朝夕相处，志同道合，情同兄弟。章太炎很器重他们三人，经常与他们商谈革命大计。一天，章太炎带着章士钊、张继、邹容外出，至四马路九华楼早餐，因纵论天下大事，意气甚为相投，交谈甚欢。席间，章太炎对他们说，我们四人皆致力于国事，意气相投，应结为兄弟，共同奋斗，推倒清廷，拯救中国。章士钊等喜出望外，满口答应。于是四人一拜而定，结为兄弟，依年龄序昆仲，章太炎为大哥，章士钊为老二，张继为老三，邹容为老四。

他们四位既结义，共约推翻清政府，乃日夕商谈计策。讨论中，他们达成共识："革命非公开倡言不为功。"但当时上海言论界比较沉寂，革命志士只有秘密宣传品而无公开的言论机关。原因很简单，若内地的刊物也像革命志士在东京等地刊物一样，公开鼓吹革命，必定是词锋朝发，缇骑夕至，而至朋徒骇散，机关捣毁。这无助于长期的战斗。其中利害，明智之士大都有所考量。然若长此言论奄奄无生气，则人心就无从振发，革命高潮不可能出现。为改变这种局面，他们都渴望有一个形势已成之言论机关以供"恣意发挥"，以振发人心，收得风起云涌，推进革命之效果。正好，5月27日，章士钊被《苏报》馆主人陈范聘请为主笔。陈范之聘请，其原因是：第一，章士钊与他是湖南老乡；第二，章士钊当时在文坛已小有声誉，是圈内朋友都知道的文章好手；第三，当时章士钊年少有为，又英俊潇洒，陈范想将自己的女儿陈撷芬许配给他。

《苏报》原是一份以日本人为背景的报纸，创办于1896年夏天，内容很无聊，很难吸引读者。到1898年就因亏损而被陈范收购。

陈范，号梦坡，湖南衡山人，曾任江西铅山知县，1894年以教案落职。他眼见形势危机，官场腐败，不愿再入仕途，就收购《苏报》，思以清议挽救时局。陈范接办《苏报》后，力主变法维新，颇为读者欢迎，1903年初，陈范与爱国学社携手，在《苏报》上设"学界风潮"栏，鼓荡学潮。此后，拒俄运动遭清政府镇压，受此刺激，该报言论渐趋激烈。5月13日，该报发表《敬告守旧诸君》，公开倡言革命。

《苏报》言论渐趋激烈，其主人陈范起了关键作用。陈范比较开明，有爱国思想，他与爱国学社合作，在《苏报》上设立"学界风潮"，起初只是想抓住这一新的社会现象，做一番文章，扩大报纸销路；同时利用爱国学社的人才优势，让学社成员来撰写社说，提高报纸的社会声望。结果，果然事遂人愿，《苏报》声誉陡起，销路大增，陈范喜出望外。到后来，受时局刺激，在吴稚晖、蔡元培等人主持下，《苏报》日趋激烈，革命倾向日益明显，而陈范也受时代潮流的感染，成了革命分子。

1903年上海"张园"，当时先进分子常在这里举行演讲，宣传革命。

　　陈范的转变，也与他的性情有关。他是一个忠厚老实人。当时，上海宝山一带有个流氓钱宝仁，常在革命志士聚众演说的上海张园发表演说，他演说时往往大话连篇，满嘴胡言。有一次，正好陈范也在听演说，钱宝仁又开始"演说"了。钱声称，他在某地开有一家大矿厂，每年利润十分可观，他要将这个矿山捐给革命党人做活动经费。与会各人都不信，独陈范深信不疑。事后，陈范又找钱密谈，钱又信口开河，说他就是孙文，这次秘密回国就是要策动革命，并且当场拿出一个小瓶子，对陈范说："你可别小瞧了这瓶子，这里面装的可是氯气！要是你遭巡捕追捕，只要打开瓶盖，对准巡捕一喷氯气，保准巡捕就立马倒在地，不省人事。"陈范对此等说辞深信不疑，此后，对钱宝仁言听计从。既然有"孙文"这样一位既有钱又有办法对付巡捕追捕的人在身边，陈范对《苏报》的日趋激烈也就听之任之。章士钊主笔《苏报》后，曾于6月7日撰《论中国当道者皆革命党》一文，指出制造革命的就是清政府的达官贵人，因此他们本身就

1903年5月，章士钊担任《苏报》主笔，进行大改革。

是革命党。由于文章较长，当日只发表了上半部分。陈范见后，大为惊骇，急忙去找章士钊，要他次日不要刊登下半部分，并对章士钊说，报纸言论如此激烈，将会自取灭亡。但是，到傍晚，他又去找章士钊，出语豪壮，说《苏报》今后就要登载《论中国当道者皆革命党》这样的文章。前后判若两人。原来，他在上午找章士钊谈话后，又去找钱宝仁请示，他傍晚向章士钊转达的就是他从钱宝仁那里得到的最新指示。

章士钊既被聘为主笔，遂"不惜以身家性命与其发纵指示之传达机构，并为爆炸性之一击"，使《苏报》成为一家鼓吹极端"排满"革命的报纸。上任伊始，他就以"第一'排满'，第二排康（指康有为）"为宗旨，对《苏报》进行"大改良"。6月1日，发布告白，表示要对报纸进行"大改良"，将在议论精当处，夹印二号字，以突出报纸特色，引起读者注意。6月2日，发布告白，改变报纸栏目，突出"学界风潮"一栏，将该栏移到论说之下；又增列"舆论商榷"一栏，欢迎各界就学界、政界有关问题发表意见。6

月3日，再发告白，对报纸进行"大沙汰"，将报纸变为以议论为主的报纸，"以单纯之议论，作时局之机关"，对新闻类消息严加选择，"所有各省及本埠之琐屑新闻，概不合本报之格，严从沙汰，以一旨归。其'时事要闻'中，惟择其确有关系者，罗列一二。另特设'特别要闻'一门，亦不常置。如获紧要军报于中国绝大关系等事，则尽前登列，间加按语"。这一系列动作，迅速提升了《苏报》的影响，投稿者"殆无虚日"。6月25日，《苏报》又发布告白，表示要对报纸再次进行改良，将栏目分为十门，又因为前次为突出议论，报中夹印二号字，占用篇幅，影响报纸容量，乃决定论说一律用四号字，但于议论精彩处用圆圈标识。一面继续突出评论的分量，增强报纸的战斗性，同时又扩大报纸的容量。

章士钊不仅自己在《苏报》上发表了一大批颇富战斗性的论说，而且组织了一批很有分量的革命论说，同时在"纪事"一栏中，加入了大量的"排满""满贼"等字样。他的盟弟张继、邹容也常到报馆协助他工作，选登革命文字。章太炎十分支持章士钊等人，也将他的"反满"论说送交《苏报》发表。检阅此期的《苏报》，可以发现，最重要、最激烈的论文，大都是他们兄弟四人写的。此期《苏报》的"反满"论说，可分为两类：一类是批驳保皇论，论证"排满"革命的合理性，指出革命是挽救民族危亡的必由之路。另一类就是直截了当地宣扬"排满"革命，字句露骨，极具煽动性。兹略举几篇文字，以明当时《苏报》言论激烈之状。

章太炎的《康有为》（6月1日），旨在批驳保皇党人的政治主张，指出保皇的路线已经落伍，并已成革命的障碍。文章说："革命之宣告殆为全国之所公认，如铁案之不可移""其必经过一趟之革命殆为中国万无可逃之前途。"张继的《祝北京大学堂学生》（6月6日），鼓吹中央革命论，要北京的学生效法欧洲资产阶级革命时期的学生，起来"杀皇帝""倒政府"。文章把中央革命看作走马下栏台，把地方革命看作由平地上高山，对孙文以及唐才常等人在南方发动的地方革命颇不以为然。文章说："学生为革命之原动力，而京都之学生尤为中央革命之原动力，是世界所公认者也。巴黎之学生、维也纳之学生、柏林之学生、圣彼得堡之学生，撞自由钟矣，树独立旗矣，杀皇帝矣，倒政府矣。""北京学生诸君，诸君将追其迹，而照耀二十世纪之历史乎？为先人雪耻，而壮大吾汉人之生色乎？……望诸君自重，诸君壮胆，那拉氏不足畏，满洲人不足畏，政府不足畏，莫被政府威吓而敛其动，莫惜诸君之自由血而失全国人之希望。"

邹容的《革命军》与章太炎的《驳康有为论革命书》，是1903年5月间秘密出版的两部鼓吹"排满"革命的巨著。为扩大这两部著作的影响，章士钊在《苏报》上对它们给予热烈推介。他发表《读〈革命军〉》一文介绍《革命军》，称所谓教育，最重要的不是具体的知识和技能，而是脱奴隶主义的教育，而为国民主义的教育，"奴隶主义者，以其知识技能尽奴隶之职；国民主义者，以其知识技能尽国民之职。夫以奴隶主义之人，而增其知识，练其技能，将使之奴隶根性，永不可拔"。"居今日而言教

1903年5月章士钊为邹容《革命军》一书题签出版。

育普及，惟在导之脱奴隶而就国民。脱奴隶而就国民如何？曰革命。"邹容的《革命军》就是使国民脱奴隶而就国民的最好教科书，章士钊称，《革命军》一书，"以国民主义为干，以'仇满'为用，捃扯往事，根极公理，驱以犀利之笔，达以浅直之词。虽顽懦之夫，目睹其事，耳闻其语，则罔不面赤耳热心跳肺张作拔剑砍地奋身入海状。呜呼！此诚今日国民教育之一教科书也""若能以此书普及四万万人之脑海中，国当兴也勃焉。"针对《革命军》中浓烈的"排满"情绪，章士钊做了说明，他说，革命的主要目的是"去世袭君主，排贵族特权，覆一切压制之策"，而在中国，"'排满'之见，实足为革命之潜势力，而今日革命者，所以不能不经之一途"。也就是说，"排满"只是革命手段，并非革命目的，革命目的是"覆一切压制之策"。章士钊清醒地认识到假如"仅仅以'仇满'为目的，而不灌输以国民主义，则风潮所及，将使人人有自命秦政、朱元璋之志，而侥幸集事，自相奴蓄，非酿成第二次革命不止"。"反满"革命思潮初起时，革命党人大都注意"反满"，甚或以"反满"为革命之全部内容，章士钊能有此认识，难能可贵。章士钊做此解释，是担心不善读《革命军》的人只注意书中的"反满"思想，而忽视其中的建立民主政府的民主革命思想。章士钊还将大文豪章太炎为《革命军》所作的序也刊载出来，以告知知识界，《革命军》得太炎之赞，非寻常著述。

章士钊又介绍《驳康有为论革命书》，称该书"义正词严，非特康氏无可置辩，亦足以'破满人之胆'矣。凡我汉种允宜家置一编，一作警钟棒喝"。并从该书中论述光绪皇帝与康有为关系的文字，以《康有为与觉罗君汉字关系》为名刊载出来。该文说光绪与康有为不过相互利用而已，光绪在与那拉氏的权力斗争中，为保持权位，结外国人之欢心，才实行变法，而康有为正利用这一点才为光绪所用。文中大骂康有为以私而忘公，仅仅因为自己曾被光绪重用这点小恩小惠，就忘记光绪是汉族公敌。尤为大胆的是文中大骂光绪皇帝，说"载湉小丑，未辨菽麦"。这在皇帝名讳且不能提的时代，真可谓非法无圣，大逆不道之极了。

这一时期的章士钊显然受到无政府主义的影响，不过他对无政府主义并没有什么了解，他只是用无政府主义来鼓吹"排满"革命，来鼓吹杀人、流血。

章士钊激烈"反满"，虽有偏狭的民族情绪在起作用，但根本原因是他认为清政府的腐败统治是造成中华民族的生存危机的根源，清政府已成为中国人民谋求民族独立、国家富强的绊脚石。清政府对于维新变法、自立军起义、拒俄运动的镇压，足以证明，以和平途径来拯救民族危机，实是此路不通。当时保皇党人反对革命的理由之一就是，当民族危机时，人民应与政府同心勠力，共同应付。他们说：这就好比乡村的财主，当强盗明火执仗来抢劫时，财主与其仆从、家丁、佃户，只有齐心协力，抵御外侮。倘无端内讧，则同室操戈，先已筋疲力尽，等群盗破门而入时，早已毫无抵抗能力，这岂非愚不可及？对这种说法，章士钊指出：在保皇党人看来，所谓财主自然是指清政府，而中国人民则是财主的仆从，这完全颠倒了主仆关系。中国的主人翁是中国国民，而清政府应当是国民的公仆。可是，现在这个"公仆"不但不能尽公仆之天责，反以摧残辱戮人民为快，简直是最为无赖的内盗。要救国必须首先除掉这盘踞的内盗，不如此而叫嚷着抵御外侮，简直是"缚手足而与人斗"，怎能有取胜的希望？

总之，自章士钊主笔《苏报》到7月7日该报被封禁，其间所发论说，几乎"篇篇谈革命，无日不'反满'"。"革命""杀人""流血""辫发左衽之丑类""杀满"等词语，触目皆是。《苏报》放言革命，高唱"排满"，受到广大读者的欢迎，销量大增，不少论说被外地报刊如香港的《中国日报》、厦门的《鹭江报》转载。其激烈的言论在知识层发生了难以估量的影响。

这引起了清政府的极端恐慌，乃严命两江总督魏光焘办理此案。

由于《苏报》馆诸人在上海租界活动，魏光焘乃派候补道俞明震从南京赴上海，会同上海道袁树勋，去和租界当局交涉拘捕《苏报》诸人事宜。租界当局认为，《苏报》虽言论激烈，但并无实际的暴力革命的行动，照言论自由的规定，不能对《苏报》采取行动。经过一再交涉，租界工部局才采取行动。在此期间，蔡元培、吴稚晖、陈范等人早已闻风走避。透露消息的，就是奉命查办案的俞明震。俞明震是章士钊的恩师，其长子俞大纯，当时正在上海和章士钊等一起进行革命活动。他得知清政府将查办《苏报》而查办之员未定时，就积极活动谋得这一差事。他的目的就是保护革命党人，这一目的，即便在清政府内部也有人知晓。湖广总督端方就对魏光焘派俞明震去查办《苏报》深感不安，他曾致电魏光焘，说俞明震之子俞大纯本身就是革命党，要魏对俞明震多加提防。俞明震到上海后，即派俞大纯把吴稚晖找来，当面把清政府要逮捕蔡元培、吴稚晖、章太炎等六人的命令拿给吴看，要吴通知其他人赶快逃跑。于是众人纷纷逃逸，唯章太炎坚持留在报社。他说："革命没有不流血的，我被清廷查拿，现在已经是第七次了！"等租界巡捕到报馆捕人时，他又指着自己的鼻子对巡捕说："其他人都不在，要捕捉章炳麟，那就是在下！"英勇就捕。邹容开始避居某处，后来章太炎从狱中写字条给他，要他到案自首。7月1日，邹容即遵命前往捕房自首。

章太炎、邹容入狱后，《苏报》在章士钊的主持下，继续出版。7月6日，又将章太炎在狱中写就的《狱中答新闻报》刊登出来。《苏报》的继续出版，让清吏十分惊慌。7月2日，端方致电魏光焘："《苏报》主笔尚有一人漏网，必须速拿，不可松劲。"经过上海道袁树勋的交涉，租界当局在7月7日派警探前往《苏报》馆将大门钉封。

7月15日，清政府诉《苏报》馆和章太炎、邹容"大逆不道，煽惑乱党，谋为不轨"一案，在上海租界会审公廨开审。当时，两江总督因奉旨，要将章、邹引渡到南京处理，必欲置二人于死地而后快，再三勒令上海道切实与各国领事交涉，务达目的而后已。为此，清吏一面暗派便衣五百人，潜伏在会审公廨周围，企图将章、邹劫持到上海县城；一面继续外交交涉，在上海则派人与各国领事交涉，外务部又直接与各国驻华公使交涉，意图引渡章、邹。几经交涉之后，俄国、法国、美国、德国等国的公使都已同意将章、邹交由清政府处理，只有意大利公使坚持不能交出章、邹。眼看章、邹二人要落入清政府之手，生命即将不保。正好此时，发生了"沈荩案"。

沈荩（1872—1903），字愚溪，又字愚希，湖南善化（今长沙）人，是章士钊在长沙时就已结识的朋友。他曾参加湖南维新运动，维新失败后，又曾参加自立军起义，失败后，他潜往京津地区，秘密从事反清活动。1903年7月19日，因被人告密而被捕。他对清吏的指控供认不讳，说："我以前是富有票（即自立军），现在不止于富有票！"清吏不敢再问，即以自立军案定谳。按规矩，夏天不能处决犯人，所有犯人必须要在秋天处决，清廷急于处死沈荩，遂不走司法程序而直接派人在狱中用竹鞭将沈荩打死。行刑之日，狱卒数名，用竹鞭猛烈抽击沈荩，直打得血肉横飞，囚室内四处是点点血迹，斑斑肉末，惨烈无比。即便如此，沈荩都没死。最后，狱卒用绳子勒死沈荩。

沈荩案发生后，中外各报都以大量篇幅对此进行报道，清廷的残酷暴露无遗。舆论强烈反对将章太炎、邹容引渡给清政府处理。迫于强大的舆论压力，租界当局不敢将章、邹引渡给清政府，只能在审讯后，将章、邹关押在租界监狱。

《苏报》激烈鼓吹"反满"革命，以及由此引起的清政府诉《苏报》与章太炎、邹容等"煽惑乱党，大逆不道"的官司，统称为"《苏报》案"。章士钊等人不顾身家命性命在《苏报》上发表惊世骇俗的言论，打破了内地言论界万马齐喑的局面，有力地推进了革命思潮的传播。此后，国内许多报纸继承《苏报》的做法，明知鼓吹革命，会被封禁，会有生命之虞，也毫不畏惧，勇敢地抨击清政府，鼓吹革命。而清政府对《苏报》与章太炎、邹容的诉讼，则使清政府颜面扫地：一个政府与自己的属民发生诉讼，竟然要在由外国人在华的租界法庭上进行，真是个笑话。

整个《苏报》案中，章士钊实为主犯，但他却得以逃脱。其原因首先是，章士钊当时在《苏报》上发表的论说用的都是化名，甚至根本就不署名，或是用"来稿"的名义发表，清吏根本不知道还有章士钊这样一个要犯。其次，查办《苏报》的正是他的老师俞明震，俞明震有意让涉案各人逃逸，当然更不会去用力挖掘出章士钊这样的未被清廷注意的要犯。

四、创设《国民日日报》，继续《苏报》事业

逃脱文网之后，章士钊并未就此脱离革命队伍，而是以更大的热情继续革命活动。

8月7日，也就是在《苏报》被封禁之后一个月，他又与陈独秀、张继、何靡施等不畏强暴，迎难而上，在昌寿里创办《国民日日报》，继续宣传革命，继续《苏报》的事业。由章士钊、陈独秀、张继任主编，由何靡施、苏曼殊等人担任撰述和助理编辑工作。

这一时期的生活十分穷困。章士钊后来曾经这样描述那时的生活："吾两人（即章士钊、陈独秀）蛰居昌寿里之偏楼，对掌辞笔，足不出户，兴居无节，衣敝无以易，并亦无以澣。一日晨起，吾见其黑色袒衣，白物星星，密不可计。骇然曰：'仲甫（陈独秀字仲甫），是为何耶？'独秀徐徐自视，平然答曰：'虱耳。'"生活艰难如此。

和《苏报》相比，《国民日日报》有两个特点。一是，它在继承《苏报》"反

满"革命传统的同时，十分注意资产阶级民主思想的宣传，批判封建专制主义。二是，鉴于《苏报》言论过于激烈而遭封禁的教训，《国民日日报》的言论比《苏报》温和。

对于加强民主思想的宣传，作为主编的章士钊有着清醒的认识。他在该报的发刊词中，就明确打出该报的旗帜："将解说'国民'二字，以饷我同胞。"他说，中国历史上，"上有僭越盗贼之习惯，其下有奴隶牛马之习惯"，由于人民没有"国民"意识，不明白自己就是国家的主人翁，而以当奴隶为本分，把统治者当作自己的主人。至于今日，中国人不但成了国内统治者的奴隶，又成了外国侵略者的奴隶，国辗转其已亡，人游嬉以待死。为了挽救民族危机，为了唤起国民的自觉，不可不造国民之舆论。

《国民日日报》始终贯彻了宣传资产阶级民主思想，反对专制主义这一中心方针。这类文章除该报的发刊词之外，还有《箴奴隶》《说君》《上海黑社会自序》《皇帝纪年论》《中国古代抑制君权之法》《道统辨》《奴隶狱序》等。其中，《箴奴隶》是《国民日日报》所有社论中篇幅最长、理论色彩最浓厚的一篇文章。这篇文章没有署名，但可以肯定是章士钊写的。在这篇文章中，他从历史、风俗、教育、学术四个方面探讨中国成为奴隶国度的原因。说中国历史是"独夫民贼普度世人超入奴隶之宝筏"，其实质就是专制统治者凭借武力迫使人民服从他们设立的种种奴隶规范。而当这种强迫历时既久，人民反而忘记了强迫，而自觉奉行专制统治者设立的种种奴隶规范，以当奴隶为本分，以反抗专制统治为大逆不道，形成"奴隶之风俗"；而所谓的教育也是教育人民怎样做合格的奴隶、做高等的奴隶，去帮助独夫民贼压迫人民，从而享有高等奴隶的"幸福生活"。而所谓的学术也就在专制统治者的淫威之下，成了服务专制统治的学术，用玄妙的言辞去粉饰专制统治，用所谓的学理去诠释专制统治者为民众设立的种种奴隶规范的合理性与正当性。而这种奴隶式的风俗、教育、学术又反过来使奴隶的出产益加丰盛，益加源源不断。文章说，中国四万万人，其中两万万妇女，历来被视为玩物，全是奴隶。两万万男子中，老幼有一万万，他们孤独无靠，附属他人，也是奴隶；余下的一万万青壮年中，又分为工、农、兵、商、读书、官吏、官吏的亲属、娼优、强盗等十六类，其中十五类全是奴隶，只有强盗不是奴隶。因为强盗无所隶属，出没于深林丛棘之中，打家劫舍、杀官焚署是他们的家常便饭，要是不幸被捕，则深信"十八年后又是一条好汉"，对于死毫不介意。他要大家实行强盗主义，以武力反抗专制统治，冲决奴隶之网罗，恢复国民应有之权利。

《国民日日报》在注意加强民主思想宣传的同时，也发表了一系列鼓吹"反满"革命的文字。比如《王船山史说申义》《原叛》《论承用维新二字之荒谬》等。这些文章虽没有《苏报》激烈，但在"《苏报案》"之后的言论界，仍然是十分大胆的。同时该报也充分发挥文学的功能，借文学来鼓吹革命。自第一期起，就连载连横的白话章回体小说《南渡录演义》。该小说主要描述宋钦宗被金人俘虏北去之后备受虐辱的情形。由于女真人是满族祖先，小说的真实目的是借这一段历史为现实说法，鼓吹"反满"革命。如第一回"毛桃岗书生献策，汴梁城金人纵谣"，第三回"责失言胡骑逼宫门，忍求和帝车临敌垒"，第七回"元帅府惨死朱后，安肃辛苦打钦宗"等等，都是描述女真人对汉人的残暴历史的。同时，又选录不少明末清初的掌故，比如扬州十日、嘉定三屠等，来宣扬"种族意识"。

该报又以大量的篇幅，登载当时轰动一时的《苏报》案与"沈荩案"的有关情况，包括案件的发生、经过、审理、中外交涉、各国态度、各界反应等，介绍章太炎、邹容、沈荩的生平、志向、逸事，以及他们的朋友为他们写的诗文。所有这些，一方面，直接揭露了清政府对国内志士的残忍，对列强的卑躬屈膝的真实面目，宣扬沈荩、章太炎、邹容的大无畏的革命精神，这对唤起国民的革命意识、激励人民的革命斗志都有积极作用。

另一方面，又间接地为反对将章太炎、邹容移交给清政府处理大造舆论，对于"《苏报》案"的最终处理发生了积极影响。

《国民日日报》发行后，风行一时，被称作《苏报》第二。它的革命宣传引起清政府的极大恐惧。鉴于"《苏报》案"办理棘手，人犯引渡困难，清政府不敢再要求租界当局封禁该报，而是总想从发行上卡该报的脖子。它通令长江沿岸各地，严禁售阅该报，指斥该报"依然倡言无忌，实属执迷不悟，可恨已极"，要求各级地方官员，"示知商民，不准买看"，对邮寄或销售该报者，要一律"提究"。同时又由外务部行文税务总司，要求该司转知各邮政局所，不得收寄《国民日日报》（总税务司当时由以赫德为首的外国人控制，负责清政府海关税收的征收工作，各地的邮政事务由设在各海关的邮务处负责）。清政府的用心很清楚：《国民日日报》"各执事人等，半多为寒酸出身"，只要各地邮局不收寄该报，即可断绝该报的最主要的销售渠道，这班寒酸文人就无法把该报长期办下去。但总税务司不买账，说它只能命令各海关不得收寄封面写着"国民日日报"的邮件，若封面未写此类字样，邮局很难一一拆检；它又向清政府建议：如此禁寄，防不胜防，最好是像对《苏报》一样，把《国民日日报》封禁，又把皮球踢给了清政府。清政府以封禁《苏报》引起了太多麻烦，不知再封禁《国民日日报》又会引出怎样的麻烦，一直不敢采取行动。可惜，后来日报内部，因经理部与编辑部就权限问题发生争吵，乃至发生诉讼，因此于12月1号停刊。

五、创立东大陆图书译印局，编印革命书籍

在办《国民日日报》的同时，为进一步扩大革命宣传的影响，章士钊又创办东大陆图书译印局，专门出版有分量的革命小册子。这个书局是当

时革命党人的一个重要的秘密宣传机关，出版了许多重要的革命书籍，比如它就将赵声编写的《保国歌》（又名《歌保国》）印制了数十万份，秘密发送各地，"一时长江上下游之兵若匪，人手一纸，习其词而流"。其他如《革命军》《猛回头》《警世钟》之类的小册子，亦翻印不少。章士钊还亲自操刀为该书局编辑，撰写了一批很有分量的革命小册子，如：《苏报案纪事》《沈荩》《黄帝魂》《孙逸仙》等。

《苏报案纪事》又名《癸卯大狱记》，是章士钊在《苏报》被封禁之后编辑出版的。该书将《苏报》上的重要论说二十余篇全部收入，以进一步扩大《苏报》上那些爆炸性言论的影响。章士钊为该书写序，介绍《苏报》的历史与《苏报》案发生的缘由，并说明其编辑该书之目的及体例："《苏报》案者，永远之纪念物也，吾虑其事件之散佚，不足以供后起者之参考，故特以日记之法逐一纪之，而以大改良之日（即1903年6月1日《苏报》发布'本报大改良'之告白，进行改良之日）为托始，……凡《苏报》之本论及各报之舆论，而凡有影响于本事件者，亦并及之。"其时，正当《苏报》案轰动中外之时，但由于《苏报》的发行量并不大，许多人尤其是内地人，对于朝廷何以要对《苏报》大兴问罪之师，对于《苏报》的激烈言论，并不了解，于是章士钊就编辑了这本书。借着《苏报》案的影响，《苏报案纪事》发行之后，大受人们欢迎，成为风行一时的革命读物，使一般人士对于《苏报》的言论及《苏报》案内情有所了解。

《沈荩》一书则是章士钊在他的朋友沈荩惨死后，满怀悲愤之情写下的。沈荩之死，在辛亥革命史上有着相当重要的地位。杨笃生的一首吊沈荩的诗，就揭示出了沈荩案与"反满"革命思潮蓬勃发展的关系。诗云："沈荩之肉飞如雪，章、邹（指章太炎、邹容）之颈硬如铁。沈荩之血流如潮，逐胡之声愈以嚣。沈荩血肉随风靡，孕出多少革命鬼。大狱方兴尚未已，伪临朝武可危矣。"当时还在狱中的章太炎为《沈荩》一书作序，高度评价沈荩和沈荩案，称沈荩惨死一案教育了人民："不镜于沈荩以自鞭策，是终身沦于幽谷。"章士钊此书详细地介绍沈荩案的来龙去脉，介绍沈荩的生平、志向、革命事业，说明清政府为什么又凭借什么以极端残忍的手段处死沈荩，揭露清政府的腐败与残忍。通篇充满着浓烈的火药味。书中说："满洲之敢杀吾沈荩也，乃自恃其三百年窃国之权，对于四百兆为奴之种，而后杀之者也。吾同胞之徒见其杀之也，起而叫嚣、而搏跃而茫然不知其杀之以何故……则他日必因此而自死也无疑。"因此"吾同种对于满洲，不可一日不'排'"。这是章士钊撰写《沈荩》的根本目的所在。在书中，章士钊力辩沈荩"非宪政党，乃革命党也；非著述家，乃实行家"，称赞沈荩在内地进行革命，其勇气非一般人可比，"在海外谈革命者万人，不如在本国谈革命者得十人；在租界谈革命者千人，不如在内地实行革命者得一人"，而沈荩就是在内地实行革命之人。在谈及沈荩案的影响时，他称"沈荩之死，其震动人心较之日俄开战（指 1904 年爆发的日俄战争）尤当"，"自沈荩死后，而清政府之丑态呈露，大激动国民之脑筋，发议于各新闻杂志，以为今日可以无故杀一沈荩，则明日可以无故杀吾四万万同胞。……同胞视此，则直以为清政府与吾国民宣战之开端，吾国民当更有一番严酷之法对待清政府"，希望国民通过沈荩案认识清政府的残酷本性，为自救起而革命。

《黄帝魂》是东大陆图书译印局印行的革命小册子中最重要的一本。该书的主要编者是黄藻。黄藻，字菊人，湖南善化人，曾参与自立军起义，起义失败后，隐居上海，以卖文卖字为生。章士钊对于黄藻这个人以及他在 1903 年左右的生活，有生动的描述：黄藻"好饮酒，无人至，则独饮。好狎邪游，无人偕，则不出。能写北碑，作小诗歌，无人唱和，往往高卧终日。喜谈革命，谈不能自休，时而骂人，时而流涕；无人可谈，辄寂寞自写文章，或抉择同时辈流之论文，以湘音讽之"。多年后，论到黄藻，章士钊还说他是"革命党之无名英雄，而古今来一唯己独伤之伤心人"。

1903年春，章士钊由南京退学跑到上海参加革命，就结识了黄藻这位寂寞的老革命分子。那时章士钊与黄藻住对门，几乎天天见面，见面则大谈革命，而且两人的意见也"八九从同"。章士钊要办一个译印革命书籍的书局，黄藻就为该书局起名"东大陆图书译印局"。那时，市面上流传着一本梁启超编辑的《中国魂》，该书收集了梁启超等人发表在《清议报》上鼓吹君主立宪的政论数篇。极端主张"排满"革命的黄藻见到《中国魂》之后，大骂梁启超丧失民族意识，说《中国魂》内容"腐败杂驳，虽为之上穷碧落，下黄泉，亦不知彼之所谓国魂安在也"。认为该书所鼓吹只是"满洲魂"而非"中国魂"，将使中国人丧失民族意识，安心当满洲人的奴隶。为反击梁启超的《中国魂》，他收集了一大堆当时革命分子发表在国内外刊物上的鼓吹"排满"革命的论文，编辑成册，欲"使全国人皆有魂，使全国人人皆有其肇祖元胎继继绳绳之魂"。这就是后来以编辑者"黄帝子孙之一个人"、撰写者"黄帝子孙之多数人"的名义出版的《黄帝魂》。该书选稿"范围取其广，议论取其刻，而本旨不离乎'排满'者为合格"，收罗了此前发表在上海《苏报》《国民日日报》，香港《中国日报》、中国留日学生所办的刊物如《国民报》《游学译编》《浙江潮》《湖北学生界》等上面的重要"反满"革命的论文，并从业已出版的革命小册子如邹容的《革命军》、章太炎的《驳康有为论革命书》等中节取重要片断，独立成文，一并收入，总共收罗重要的"反满"言论共45篇。该书集当时著名的革命言论之大成，一册在握，数十篇已经停刊或被禁的革命文字都在其中，是1903年革命宣传的画龙点睛之作，是当时流传最为广泛的革命宣传品。章士钊直接参与《黄帝魂》的编辑工作，不少篇章都是他和黄藻共同商定后选入《黄帝魂》的。比如其中的第十三篇《义和团与中国之关系》一文，就是章士钊和黄藻两人力排众议选入的。该文推崇义和团，说义和团"唱灭洋之义，率无学之徒，视死如归，摇动世界。……夫义和团岂不知寡不敌众，弱不敌强哉？然出于爱国之心，忍无可忍，故悍然冒万死、出万难，以一敌八，冀国民之有排外自立之一日耳"。义和团虽然失败，但它在无数国民之中播下了独立的种子，是中国富强之根所在。这与当时思想界普遍对义和团所持的否定态度是截然相反的观点。几十年后，章士钊仍然说，《黄帝魂》一书选录了这篇对义和团持颂扬态度的文章，是其突出特点，并对自己与黄藻独违众意，坚持选录此文，十分自得。众所周知，义和团打出的旗帜是"扶清灭洋"，极端主张"排满"革命的章士钊、黄藻大力推崇义和团的排外，但却对义和团的"扶清"熟视无睹，不可谓不矛盾。当时中国面对两种"民族"矛盾，一是帝国主义列强与中华民族的矛盾，二是国内的"民族矛盾"，尤其是满族与汉族的"矛盾"，章士钊等人的矛盾实质就是他们在反对帝国主义的入侵、争取民族独立与解决国内"民族矛盾"之间，有点狼顾失措。

《孙逸仙》是章士钊编译，并由东大陆图书译印局印行的一本重要著作。谈到辛亥革命史，说到孙中山这一名字的来历，都不能不说到这本书。

章太炎、章士钊、张继、邹容既结义，共约推翻清政府，兄弟四人经常一起畅谈革命大计，邹容更常到章士钊的住所畅谈，"每午夜不去"。有一天，他突然问章士钊："大哥（指章太炎）有《驳康有为论革命书》，我有《革命军》，博泉（即张继）也著有《无政府主义》，你有什么著作？"这让章士钊十分惭愧。不久以后，即1903年8月，他利用在江南陆师学堂学到的一点日文知识，将日本人宫崎滔天所著的《三十三年落花梦》编译成《孙逸仙》一书，以黄中黄的笔名出版。

当时海内革命思想风起云涌，但由于以孙逸仙为首的革命党人长期忽视革命宣传，人们对孙逸仙的理想、抱负与革命事迹缺乏了解。清政府长期丑化孙逸仙，在有关的文书中把孙文写成"孙汶"，把他描绘成青面獠牙的江洋大盗。受此影响，国内人士大都把孙看作海贼一类的人物。当时积聚在上海的众多革命志士中，只有秦力山、王慕陶等几个人了解孙文。章士钊在编译《孙逸仙》之前，对孙的了解"较之秦力山所谓海贼孙汶，不多几许"。有一天，他在友人王慕陶处见到孙给王写的信，章士钊见该信"字迹雄伟""意态横绝"，大为惊叹，心想这怎么可能是一个江洋大盗写的东西。亦惊亦惑的章士钊，即请王介绍孙逸仙的出身、经历、思想、抱负、革命方略。王即就其所知向他做了详细介绍，并送给他一本宫崎滔天的新著《三十三年落花梦》，要他仔细阅读。读完《三十三年落花梦》之后，章士钊对孙逸仙有了更深的了解，不敢再将孙视为草泽英雄，而起心悦诚服之意。他感到有必要向国人介绍孙逸仙，乃以《三十三年落花梦》为底本，结合王慕陶介绍的有关情况，编译了《孙逸仙》一书。

该书第一次以中文系统地向国人介绍了孙逸仙的革命历史、思想与抱负，向国人说明：孙逸仙并不是清政府所称的海贼，也非一般人所认为的绿林好汉，而是一位有思想、有抱负的思想家，是一位出生入死为国家富强而奋斗的英雄，是一位在举国昏昏、醉生梦死之时，独为前驱的革命先驱。书中除介绍孙逸仙的出生、经历、革命事迹外，还介绍其革命思想、革命理想，比如宫崎滔天要孙氏介绍其革命宗旨与手段，孙氏说："余以人群自治为政治之极则，故于政治之精神执共和主义。"共和非唾手可得，非经过革命不可，而国人的"反满"情绪正可作唤起革命之手段。针对"共和政体不适'支那'之'野蛮国'"的言论，孙氏指出，中国有共和的传统，"共和者，我国治世之神髓，先哲之遗业"，这正可作为共和政治的文化基础。孙更进一步指出，共和政治不仅适合中国，而且可以避免革命之后出现军阀混战、争夺政权的混乱局面，"且夫共和政治，不仅为政体之极则，而适合于'支那'之国民，而又有革命上之便利者也。观'支那'古来之历史，凡国经一次扰乱，地方豪杰，互争雄长，亘数十年不能统一，无辜之民为

1903 年章士钊编译的《孙逸仙》。

之受祸者不知几许。其所以然者，皆由于举事者无共和之思想，而为之盟主者，亦绝无共和宪法之发布也。故各穷逞一己之兵力，非至并吞独一之势不止"。避祸之法就是革命之后，行共和之政。简明扼要地介绍了孙逸仙的共和政治思想，这种思想正是孙逸仙与历史上的造反者根本不同之处。章士钊在行文中，特地称许孙氏的思想与识见，"彼何其思想之高尚，识见之卓拔，抱负之远大，情念之切实。我国人士如彼者，果有几人？其人诚亚东之珍宝，而其言诚革命之律吕哉"。孙逸仙的民主革命思想，使章士钊对孙逸仙心悦诚服。

　　章士钊对孙逸仙评价极高，他在《自序》中称孙逸仙为"近今谈革命者之初祖，实行革命者之北辰"，又说，"谈兴中国者，不可脱离孙逸仙三字"；"孙逸仙与中国之关系，当视为克虏伯炮弹，成一联属词，而后不悖此书之旨"。章太炎为此书题词："索虏披昌乱禹绩，有赤帝子断其嗌，掩迹郑洪为民辟，四百兆民视此册。"这就说，被人们视为"海贼"的孙逸仙，其功业将超过郑成功、洪秀全，而成为中国的新领袖。秦力山也为该书作序，肯定了章士钊编译的书，准确地表现了孙逸仙这位革命先驱，"读中黄之书（章士钊用'黄中黄'的笔名编译该书），与吾眼中耳中之孙逸仙，其神靡不肖"。该书出版后，立即风行全国，人人争看，成了鼓吹革命的重要著作，产生很大的影响，改变了人们对于孙逸仙的不良看法，对此后孙逸仙革命领袖地位的确立与同盟会领导体制的形成都产生了积极作用。孙逸仙流亡日本时，为了秘密工作的方便起见，改名为"中山樵"。章士钊因日语水平有限，贸然将中山作为孙逸仙的名而与其姓孙连缀成"孙中山"。从此，孙中山一名就流传开来，一呼百诺，习惯自然，孙中山这一名字也就定型，而孙先生也默认了这一名字。这是一段颇为有趣的革命掌故。

六、为革命入监狱

1903 年，是国内革命思潮蓬勃发展的关键年份。在这一过程中，章士钊是一个重要人物。他主编的《苏报》《国民日日报》是当时上海最重要的两家革命报纸，他创办的东大陆图书译印局出版了不少鼓吹革命的小册子，他自己也发表了许多激烈的革命论文，编写了不少很有影响的小册子。所以后来孙中山说"行严矫矫如云中之鹤，苍苍如山上之松……革命得此人，可谓万山皆响"。确实，这时的章士钊是一个能使"万山皆响"的革命宣传家。不过，他不仅是一个"宣传家"，还是一个从事实际革命工作的"实行家"。

1903 年 6 月，著名革命家黄兴从东京回到上海。黄兴这次回国，是想策动湖南的哥老会，发动武装起义。他在上海待了一个多月，联络革命同志，筹措活动经费。其时，章士钊全副精力都在《苏报》上，与黄兴并不经常见面。到 7 月，《苏报》被封禁后，章士钊即开始着手实际的革命工作。首先，就是如何筹款的问题。经过再三商议，黄兴决定带章士钊去泰兴拜访龙璋，然后到南京去拜访魏肇文。

龙璋，字砚仙，又字研仙，湖南攸县人，光绪举人，1903 年时任江苏泰兴县令。其父龙湛霖，曾任刑部侍郎，当时退居长沙，是地方上极有声望的绅士。他弟弟龙绂瑞，当时随其父居长沙。龙家当时是湖南很有势力的家族，龙璋、龙绂瑞兄弟对革命事业多有赞助。1944 年，章士钊在重庆见到多年未见年已七十的龙绂瑞，曾为他写了一篇寿序，称颂龙氏兄弟对革命事业的贡献。这次，黄兴、章士钊二人去拜访龙璋，找他筹款，龙璋给了他们一笔钱，并且把他在办案时抄获的一大批假洋角子交给他们，说："这是我查办盗窃案时没收的赃物，革命时期，或许能够用得上。"后来，黄兴与章士钊就把这一批假洋角子，从泰兴运到上海。

魏肇文，湖南邵阳人，是时任两江总督魏光焘的三子，当时刚从日本归国。1902 年，还在日本留学时，魏肇文就结识了黄兴、张孝准、杨笃生等一批革命分子，参加革命活动，并且参与发起湖南留日学生组织的"游学译编社"，是其中的骨干分子。由于他出身于达官之家，又主张革命，所以他就是革命党人的一个重要财源。

他们由南京回上海后，黄兴即应胡元之邀回长沙明德学堂教书，同时进行革命工作，章士钊则留在上海继续从事革命宣传工作。

1903 年秋，章士钊离开《国民日日报》。他曾秘密返回南京，在北极阁召集南京各校学生开会，他在会上发表公开演说，"极论革命"。事前，章士钊曾就此与他的同学、著名革命家赵声商议，赵声不以为然，认为此举不会有实效，只会招致清吏的忌惮，不利于革命事业的进一步开展。正如赵声所预料，章士钊召集学生，公开鼓吹革命的当晚，此事即被南京地方绅士缪荃荪发觉。缪立即向官府通风报信。于是，官府马上出动捕快赴北极阁捕人，章士钊等闻讯逃遁。

逃脱追捕后，章士钊回到长沙，参与华兴会的创建工作。原来，黄兴回长沙后，就秘密策划武装起义。1903年11月4日，阴历九月十六，是黄兴的30岁生日，他的朋友们在保甲局巷彭渊恂家准备两桌酒菜，借过生日的名义召集秘密会议。是日到会的有黄兴、章士钊、张继、刘揆一、宋教仁、陈天华、苏曼殊、杨笃生、徐佛苏等二十余人。席间，经过商议，决定成立华兴会，推黄兴为会长。当时，湖南正在大兴矿业，为避免当局的注意，华兴会采用办矿名义，取名为华兴公司，标明以"兴办矿业"为职志，对外声称要集股百万，作为"开矿资本"。其实，所谓"矿业"就是"革命"，"入股"就是"入会"，股票就是会员证。当时还提出两句口号："同心'扑满'，当面算清。"乍听起来，这两句话好像是谈生意经，其实含着扑灭清廷的意思。

华兴会部分成员 1905 年在日本合影。前排左一为黄兴，后排左一为章士钊。

此后，黄兴、刘揆一等纷纷变卖家产，筹集革命经费，并积极联络会党，准备在1904年11月16日（甲辰十月初十日），西太后生日那一天给她送上生日礼物——在长沙一带组织武装起义。而章士钊、杨笃生则受派返回上海，组织秘密机关，购买枪支弹药，联络上海、南京、东京等地的革命同志，接应长沙的起义。

　　回沪后，章士钊除继续革命宣传工作外，又租赁四处地方作为招待所。这四处招待所，一在余庆里；一在梅福里；另两所在昌寿里。当时革命党人都风闻，黄兴等将在长沙组织大规模起义，乃渐次到上海会合，章士钊租赁的几个招待所就是用来招待这一班革命同志的。由于同志越聚越多，各招待所几乎人满为患。1904年夏，黄兴从长沙到上海，与章士钊等密商起义计划时，就住在昌寿里的招待所。一天晚上，革命党人的秘密会议开完之后，与会各人渐次散去，密室之中只留下黄兴与章士钊两人。黄兴拿出他新买的手枪来，与章士钊一起"相与摩挲"。突然，"砰！"一声枪响，一颗子弹擦着章士钊的头皮扬声飞过，把章、黄二人吓出了一身冷汗。再看那子弹，已直突入窗棂，深达寸许。

　　1904年春，华兴会鉴于会众众多，谋事难以机密，决定组织内层机构。在湖南设立同仇会，专以联络会党，在上海则组织爱国协会，负责组织暗杀活动。爱国协会由杨笃生和章士钊任正副会长，成员有蔡元培、陈独秀、蔡锷等。几十年后，章士钊对蔡锷入会时的情景仍然记忆犹新，说蔡锷参加爱国协会那天，"戎服莅盟，佩剑锵然，其持态严肃，为吾六十年来永矢勿谖之印象"。杨笃生，号叔壬，后易名为守仁，湖南长沙人。早年曾任湖南时务学堂教习，致力于维新运动，后参加自立军起义。自立军起义失败之后，他转向革命。1903年撰成《新湖南》一书，鼓吹"反满"革命。他受俄国虚无党的无政府主义思想的影响，醉心于暗杀活动。1903年，当其还在日本留学时，就曾与黄兴等人组织暗杀团，并亲自在横滨研制炸药，研究爆炸技术。当杨笃生受派与章士钊一同到上海组织秘密机关时，他就决定组织暗杀活动，并在余庆里革命党的招待所内，又着手试制炸药。

1904年10月下旬，黄兴等长沙组织的起义，因谋事不周，被清政府探知，黄兴遭追捕。在各方朋友的帮助下，黄兴逃到上海。抵达上海后，黄兴住在余庆里。11月7日，黄兴又召集杨笃生、章士钊、张继、陈天华、仇亮、仇鳌、彭渊恂、徐佛苏、王慕陶、苏鹏、方表等一大批革命党人开会，决定运动长江中下游的学界和军队，组织武装起义。很快，革命形势有了重大的发展，正在这时，11月20日，住在余庆里的革命党人十多人，被租界当局一网打尽，全部被捕下狱。黄兴等人原定的大规模武装起义的计划，也全被打乱。这件事，章士钊负有重大责任。

这一不幸事件，还得从万福华刺杀王之春谈起。

万福华，安徽人，"愤清压迫，久蓄革命志"。据章士钊记述，万福华"浓眉大眼，语音重浊，一望知为朴实干练两擅胜场之人"。1904年8月，户部侍郎铁良从北京南下。铁良是满洲贵族中的少壮派，也是许多革命志士必欲取其项上人头的对象。一闻他要南下，万福华就向章士钊推荐枪手，说愿意与另外一个枪手先期在南京下关潜伏，等铁良仓皇下船之际，将其击毙，要章士钊为他安排相关事宜。另外一个枪手就是易本羲，这是个短小精悍的湖南少年。章士钊对万福华十分信任，几乎是言听计从。听说他想刺杀铁良，就与俞大纯一起筹划，他们对于资金调度、所需各项物资、枪手的鞋帽服装、潜伏地点、出入路线、接应办法等，都做了安排。

但是，这一计划很快被两江总督李兴锐的孙子李茂桢发觉。李兴锐，湖南浏阳人，以军功起家，中年丧子，只有两个孙子随侍。两个孙子，一是李茂桢，另一是李春熙，俱少俊而有才略，他们二人也是革命党人的重要财源，为革命党人提供了不少方便。其中，李茂桢与章士钊的关系十分密切，他得知章士钊等人的计划后，就急忙去找章士钊与俞大纯，苦口劝阻他们不要在他祖父任职之地发此大难。他说，如果章士钊等人执意要在南京刺杀铁良，不仅会妨碍他祖父的前程，而且革命党在南京现有的诸般有利条件，如筹款、交通等方面的方便将付诸流水。章士钊、俞大纯连夜邀集万福华商议是否继续执行暗杀计划，"讨议终夜，反复莫决"。直到黎明时分，才痛下决心，放弃计划。

暗杀铁良的计划中止后，万福华又图谋刺杀前广西巡抚王之春。王之春，湖南衡阳人，为明末清初著名思想家王夫之的后人，曾为曾国藩幕僚，颇得曾氏赏识。光绪十七年署理广东布政使时曾接待来华游历的俄国沙皇世子尼古拉二世。因这层关系，光绪二十四年，受派出使俄国，吊唁俄皇亚历山大二世逝世，并贺尼古拉二世继位。时值中日甲午战争，王氏乃有借俄国之力以制衡日本的想法，与当朝权要李鸿章的联俄主张甚为合拍。回国后，曾任四川布政使、广西巡抚。在广西巡抚任上，据传其曾谋以路矿之利与法越殖民当局交易，请其派兵镇压内乱，引发国内的"拒法运动"，爱国人士要求罢免王之春。清廷乃于1903年闰五月罢免王之春。王氏落职后居上海。王氏本遭人嫉恨，尚不知自爱，到沪后，又不甘寂寞，鼓吹联俄制日。其时，日俄战争已开，革命党人认为日、俄乃一丘之貉，联俄制日，无稽之谈；且革命党人估计，日俄之战，日本胜算较大，此时若果联俄，将来战争结束，日本挟战胜之势，必对联俄的中国不利。革命党人认为，欲使联俄之说中止，必先除去王之春。因此，当刺杀铁良的计划被放弃后，王之春就成了革命党人的下一个目标。

与万福华一起执行暗杀任务的是陈自新。当时蔡元培在上海办有一所中学，章士钊与刘师培、林少泉（即林白水）都是这所学校的教师。陈自新就是这所中学的学生，刘、林二人十分赏识陈，屡次向章士钊推荐陈，说陈有荆轲、聂政之志，愿听章士钊的指挥。章士钊对此一直将信将疑。万福华自结识章士钊后，就有机会结识当时的著名革命党人，刘师培、林少泉也就在其列。刘、林又向万隆重推荐陈自新。于是，在刘、林二人的策划之下，决定在一家叫金香谷的西餐馆刺杀王之春。事前，他们以王的朋友吴保初（后来成为章士钊的岳父）的名义，给王发一信，邀王到金香谷二楼会面。由陈自新先期埋伏在二楼，执行刺杀任务，约定只要见王上楼，马上就开枪将其击毙。同时，为防万一，由万福华守候在楼下，一旦楼上行刺失败，王必下楼逃命，万即在楼下狙击。但当时万、陈二人只有一支枪，而且是为前次准备刺杀铁良时准备的，好久都不曾用过，究竟好用不好用，都还不知道。正好章士钊为防身起见，新买了一支枪，于是在刘、林二人的要求下，他把新枪交给陈自新，而万福华则持旧枪。

事先约定的那一天，1904年11月19日，陈、万都按事前的计划埋伏。埋伏在楼下的万福华，坐在餐桌边，两眼紧张地向外搜寻。果然，王之春准时来了。万福华眼见王之春的马车来到了餐馆门口，又见王在随从的搀扶下，走下马车，大摇大摆地走上二楼。王上楼后，万福华即走到楼梯口。万福华虽刚毅木讷，极能自镇，此时心也怦怦乱跳，一双耳朵都竖了起来，谛听楼上的动静。可是等了好一会儿，万福华并没有听到预期的枪声，却见王之春带着仆从急匆匆地从楼上往下蹿。当时的情形，可谓间不容发，容不得万福华多想，他当即一声断喝："击死卖国贼！"一个箭步，拦住王之春的去路，拔出手枪，对准了就开枪。可是，连抠了几次扳机，却并未闻枪响，也不见王之春倒下。王之春和万福华，都慌了手脚，直愣愣地看着对方，不知所措，围观者也莫名其妙。正相持间，租界的巡捕出现，不由分说，将万福华逮捕起来。暗杀活动又一次失败。

这次暗杀活动的失败，问题出在陈自新身上。王之春上楼后，执行刺杀任务的陈自新，并没有向他开枪，相反却出卖了暗杀计划。王乃急忙外逃。而在楼下担任狙击任务的万福华，阴差阳错，居然连保险都没打开，就拔枪射击。

11 月 20 日，章士钊因自己也参与策划此次刺杀活动，担心因刺王失败而累及当时华兴会正在策划的长江中下游的大规模的武装起义，乃背着同志，偷偷去租界巡捕房探望万福华，以"一商对簿时如何立辞"。结果，他自己应对捕房的盘问时露出马脚。巡捕问他住何处，他说住余庆里 8 号，结果泄露了革命党的秘密机关。那时，章士钊住在东大陆图书译印局，那里藏有《革命军》《黄帝魂》等大量革命书籍。同时，他在余庆里 8 号机关内章陶严的房子里有一张床，以便与住在那里的革命人交谈联络。他要说住东大陆图书译印局，或许问题不大，因为租界当局对于激烈言论并不会认真查办。而余庆里则不同，那里不仅有大量的革命同志，而且藏有武器，很容易让人联想到其房客与暗杀案有关。章士钊被扣留，英租界巡捕房即派包打听一人、印度巡捕 4 人去余庆里 8 号核查。其时，苏鹏等正在机关内，但并不知章士钊已被扣留。包打听问："章士钊是否住在此处？"苏鹏见是巡捕房的人，心知不妙，以为是巡捕房想知道章士钊的行踪，要搜捕他，即称："这里没有这个人。"包打听等甚为奇怪，即带苏鹏到巡捕房对质。巡捕问章士钊："你说你住在余庆里 8 号，他说你没住在那里，究竟怎么回事？"苏鹏见到章士钊，异常吃惊，大声责备章士钊为何诳言，"你明明住在东大陆图书译印局，为何说是余庆里？"章士钊有苦说不出，直向苏鹏使眼色，说："老兄，你怎么不认账，我在余庆里不是有床位么？说住在那里，又何妨？"巡捕即押苏鹏回余庆里搜查章士钊的房子。章陶严正在屋内。巡捕即要搜查卧室。卧室内并无违禁之物，但章陶严没有"斗争经验"，起身阻拦搜捕。巡捕认为余庆里 8 号有重大嫌疑，乃将大门封闭，翻箱倒柜地将余庆里 8 号搜了个底朝天，果然搜出了大量的违禁物品，其中有革命党人的名册、制作炸弹的资料、手枪、手弹、刀剑，此外还有大量的假洋角子，还有一个鼓风炉。这些假币就是当初龙璋给他们的，而鼓风炉则是杨笃生等人试制假币的工具。这还了得，不仅有武器，而且有假币，案情重大。巡捕即将在余庆里的一干革命党人如徐佛苏、章陶严、苏鹏、薛大可、方表、周素铿等全部抓获。正出门间，外面又进来一拨人，也一并被捕。原来，那一天，张继外出邀请新近担任江西新军统领的郭人漳到余庆里，与各革命同志见面，郭带上随从随张继赴余庆里，途中又碰上黄兴，张继遂要他乘同一马车回家。于是他们就全被设伏的巡捕逮捕。其他的人如刘揆一等晚归，见门前狼藉一片，皆过门不入，得以逃脱。郭人漳，湖南湘潭人，系湘军大将郭松林之子，郭人漳与革命党人黄兴、赵声等有旧，此次来上海采购军火，顺便拜访黄兴等人，结果一并被捕。

此案非同《苏报》案，在租界当局看来，《苏报》案是言论案件，按照言论自由的原则，租界当局本不愿意究办《苏报》案诸人，而此次案件，不但涉及暗杀，而且涉及假币，巡捕房比较重视。

狱中的生活，十分艰苦。每人每顿只有一碗饭，下饭的菜就是每人每天二十五粒盐水豆、白菜数根。几乎顿顿如此，一周才能吃上一次牛肉、一次咸鱼，算是改善生活了。那盛饭的铁饭盆，黑乎乎的，让人见后直想呕。苏鹏曾记载狱中生活："各人给一冰铁盂，以供餐粥。其盂不知经几何岁月，外作灰黝色，若在狱外，见之当作三日呕。同人等皆面面相觑，不肯食。惟庆午（即黄兴）视若平常，捧之大喝大嚼。庆午食量本宏，罄一盂，问人人曰：'君等不食乎？'又罄一盂，连举三盂。余人见之，皆破颜为笑曰：'庆午真可人也。'……诸人以身限缧绁，皆锁眉蹙额，庆午则履险若夷，谈笑自若。"终日不得一饱，饿得急，狱友们就大谈饕餮经，干过嘴瘾。后来出狱后，同志们猛吃猛喝，吃坏肚子的不少。至于晚间睡觉，条件亦苦，苏鹏回忆称，"时届冬令，月白霜严"，狱方只给一张破毯子，狱中人晚上睡觉皆"蜷缩如猬"。而这毯子上虱子如麻，晚间睡觉就算是喂虱子了。白天放风，一大乐事就是捉虱子，看谁捉得多。

狱中生活虽苦，但同志们在一个监狱中，也有消遣的办法，谈饕餮经、捉虱子自然是消磨时光的招数，有时狱友们还来点赌博，赌注是咸水豆，苏鹏记其事称，"狱中惟壁徒四立，内外又信息不通，实无术以遣此有涯之生。乃将佐食之蚕豆节余数粒，以供拇战之需。赌约：每胜十筹者，得蚕豆一粒"。狱友有时还开点带荤的玩笑。黄兴即拿章勤士开玩笑，"吾辈唯汝最稚，何年将满二十耶？亦曾几度亲美人芳泽乎？"章勤士还急了，将他的"艳遇"一五一十地抖搂出来，惹得狱中同志倾倒一片。有一天，狱中同志围坐在一起，谈天说地，消磨着难挨的时光。突然间，话题到了出狱之后的打算。章士钊说，他打算出狱之后，到西湖边去开一爿牛肉店，学汉代的司马相如携美人卖食佐读。

入狱诸人中，黄兴首先于 11 月 23 日出狱，在狱中总共待了三天。华兴会长沙起义失败后，黄兴即是清政府悬赏海捕的要犯，清政府悬赏 5000 元缉拿黄兴。当会审之时，黄兴伪称自己叫李寿芝，是郭人漳的随员。这时，江西巡抚夏之时，闻知郭人漳被捕，电谕上海道袁树训，向租界交涉，保释郭人漳出狱。既然是巡抚大人来电，郭确系江西新军统领，租界当局

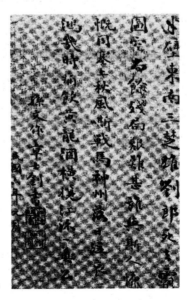

此乃孙中山挽黄兴之作，章为之书写，以示悼念。

1916 年 10 月 30 日黄兴病逝于上海。

马上就将郭开释。黄兴因是和郭人漳一起被捕,也就以郭的随员的名义,一起出狱。

黄兴出狱后,马上组织营救狱中同志,一面募集款项,一面托人保释。各处革命党人纷纷筹集资金,聘请律师为狱中同志辩护。经多方营救,在经过几次审讯后,租界当局以证据不足,将章士钊等人开释,主犯万福华被处十年监禁。40 天的牢狱生活之后,章士钊等人终于重获自由。狱友们出狱后,赶紧沐浴,找地方大快朵颐,章士钊则有其相好,"接居香巢,浴以芳泽,衣以文锦,软语温存,过其似蜜非蜜之生活"。惹得一同出狱的同志们好一番羡慕。接章士钊去的,是当时上海滩著名的妓女李苹香。

李苹香,据称原名黄碧漪,安徽人,祖上为安徽望族,到她父辈时家道中落,她随母亲流落上海,受人欺骗,沦落青楼。但她从小读诗书,能写诗词,很快就在上海滩闯出名堂,一时风流文人皆知有所谓诗妓李苹香者,名士冒鹤亭、李叔同等均曾与李苹香有一度情缘。章士钊何时得李苹香芳心，尚待细究，不过，章士钊在狱中说，将来出狱后要学司马相如携美人去西湖卖牛肉，这美人恐就是李苹香。后来，章士钊还曾化名"铄镂十一郎"写了一部《李苹香》，根据李苹香的口述，为她写了一部传记，李苹香旧相好李叔同为该书作序。此后，章士钊赴东瀛留学，此番情缘未有结果。

一、力脱党籍为书生

1904年12月31日，章士钊出狱。在李苹香的香巢待了段日子后，他就去了日本。他到日本的准确时间，现在无从考证。不过，1905年1月28日宋教仁的日记里有这么一段："二十八日。阴。……晤黄庆午（黄兴）、章行严，会商一切事件。时陈星台（即陈天华）发有救亡要求书于留学界，其宗旨专依赖政府对外与对内之政策，而将北上陈于政府。余等皆反对其说，拟于明日开同乡会时行干涉主义。议决。"可见，章士钊在1905年1月28日前就已到东京，并曾参与湖南留日学生阻止陈天华回国向清政府请愿实行立宪的活动。

其后一段时间，章士钊仍继续参加革命活动，与革命分子多有交往。7月下旬，他还参加了孙中山与黄兴的会晤。当时孙中山新由欧洲东返日本。7月下旬，孙先生由横滨抵达东京，经宫崎滔天的介绍，与黄兴会晤，谋兴中会与华兴会的联合。章士钊记述这次他与黄兴会见孙中山的情形："楼下席广窗明，主客失次，三人或蹲或卧，按地图，议天下大势，殊未易一二数；俄而召集留学生、为大会盟之议起。先生辩才无碍，指挥若定，吾徒倾心折服，难以形容。克强（即黄兴）情异虬髯，帜鄙自树，太原真气，户牖冥蒙。"

对于新的革命组织与华兴的关系究应如何，新的革命组织建立后，华兴会的组织是否还应存在，是形式上存在，还是精神上存在，原华兴会成员内部意见不一。经过黄兴的工作，华兴会的多数成员愿意与孙中山的兴中会合并，新的组织叫中国同盟会。中国同盟会的成立，是革命组织发展史上的一件大事，是中国资产阶级民主革命力量的第一次大集结。但是，章士钊，这个黄兴、孙中山都寄予厚望的革命宣传家，却坚拒同盟会。孙中山、黄兴、张继等人十分恼火。一再做他的工作，但章士钊均不为所动。据称马君武还曾对章抱以老拳，逼他入会，他也不参加同盟会。可谓软硬不吃。

1906 年 6 月，章太炎从上海西牢出狱到东京。东京的革命党人，又请他出面敦劝章士钊入会。起初，章太炎先生还心平气和地找章士钊谈心，动之以情，晓之以理，想改变他的想法。然而，几次之后，章士钊丝毫未曾松口。太炎先生无可奈何之余，决定以强硬手段对付章士钊。章士钊晚年回忆道："吾忆章太炎与孙少侯（即孙毓筠——引注），同寓新宿，同受二公（指孙中山、黄兴——引注）之托，要吾莅盟，吾不署诺，则见诱禁闭一室，两日不放。"即便这样，章士钊也不愿签署盟约，加入同盟会。

不久，张继又给章太炎出主意，说不妨对章士钊用美人计，说章士钊对吴弱男女士十分爱慕，若请她去劝说章士钊，说不定会让他回心转意。吴弱男时任孙中山英文秘书，是当时少数几个同盟会的女会员之一。她出身名门，是清末名士吴保初的大女儿。吴保初，字彦复，号君遂，人称"北山先生"，系淮军将领吴长庆之子，与谭嗣同、陈三立、丁惠康并称"清末四公子"。曾任刑部主事。1897 年上疏要求变法，疏为刑部尚书刚毅所压而未能上达，遂愤而退职。1901 年，又上疏要西太后归政，疏为权势所隔，不能上达。当章士钊在上海鼓吹革命之时，吴保初正居上海，章士钊因得陈范之介绍得以结识吴保初。那时，吴保初周旋于革命、保皇两党之间，一方面自居为清朝的臣子，不愿革命；另一方面又利用自己的声望保护革命党人，"屡以身家遮蔽国士章太炎、沈云翔之徒，使不为逻者所得"。章太炎与吴保初关系至厚。当时保皇在革命党人眼中是十分可耻的名词，章太炎撰《驳康有为论革命书》，专批保皇党。但对吴保初，他却另眼相看，在他的门上写"草上独根"四个字，意谓天下人谁都不准说保皇立宪，只有吴保初说保皇立宪，可以无罪。

吴保初有两个女儿，长弱男，次亚男。他视两个女儿为掌上明珠，故吴弱男姐妹从小就"憨跳狂跃"。章士钊在上海从事革命活动时，就结识吴保初及吴弱男姐妹。据章士钊称，吴弱男曾将他在《苏报》上发表的社论翻译成英文，并以《自由钟》为名出版。1905年，吴保初将两个女儿送往日本留学，临行前他写诗勉励她们，诗中有"西方有美女，贞德与罗兰"之句。吴弱男到日本后，即入青山女子学院学习英文。那时的吴弱男，"与孙文上下议论，持极端欧化说，又谓'非自由平等，不足征欧化'，气焰万丈"。章士钊对吴弱男的女权论很不以为然。但人们说，西方美人贞德、罗兰夫人就是这样，章士钊既没有到过西方国家，对西方的实情了解甚少，对吴弱男的行为，虽心不以为然，却又说不出其所不然来。

章太炎是吴弱男的长辈，要她去做章士钊的工作时，她满口应承。章太炎满以为章士钊恐挡不住美人攻势，得加入同盟会。出乎意料，经过几次会谈，吴弱男并没有说服章士钊，却反而同情章士钊的选择。不久以后，他们二人订婚。太炎先生这次做了赔本买卖，同志们都笑他赔了夫人又折兵。

在日本的同志对章士钊坚决不加入同盟会的做法，十分不满，不少人认为，章士钊自出狱后，对革命有二心，有人说他热心利禄，想当清政府的官僚。最后，还是黄兴理解章士钊的选择，并向众同志保证章士钊"忠纯不二"，才平息了事态。

这样，当革命风潮已经掀起，革命组织有了大发展，大批学子走出书斋参加救国的实际斗争时，章士钊却独违众意从革命一线走向书斋，而且一旦做出这样的选择，就坚决实行，可谓万牛莫挽。这件事，典型地体现了他的"好持理之所自信，而行其心之所能安；势之顺逆，人之毁誉不惶顾也"的性格。分析这件事的深层原因，不能排除1904年入狱对他的影响。大浪淘沙，当革命处于低潮时，或者革命者个人被捕之后，总有人因此退出革命。革命毕竟不是请客吃饭，以暴力推翻现存政权，是要冒生命危险的。章士钊在狱中的消极情绪，就足以让人们怀疑他此时拒不加入同盟会，是害怕再遭牢狱之灾。不过，这恐非主要原因，因为他当时在东京，在那里谈革命比国内安全得多。即便他因参加革命而遭日本政府的驱逐，他也可去欧美。他若顾惜自己的生命，他也完全可以一面参加同盟会，一面使自己的生命不遭危险。主要的原因还是在于他的思想认识，也就是他所认定的"理"。

首先，他认为自己才短力脆，联络长江中下游的哥老会，从事秘密活动，实行革命，非己所长。就个人才情来说，章士钊"乃一个性特重，不适宜于群众运动之人"，他习惯书斋生活而不是现实的政治斗争。他组织暗杀王之春，却对暗杀如何进行"一切无所准备"，对暗杀失利后，应如何善后，也根本没考虑，实在莽撞。尤其是他不慎被捕，而致华兴会在长江中下游组织大规模的武装起义的计划完全泡汤，而各方同志并未责怪他，反对他安慰有加，更让他感到心中有愧。他担心自己继续从事实际工作，非但不会对革命有益，反会对革命造成难以估量的损失。

其次，到日本后，经过对明治维新以来日本社会、政治方面的变迁的实地考察，他认识到，革命而能实现其拯救民族危机、实现国家富强的目的，仅有革命热情与勇气远远不够，还必须对革命之后如何进行国家建设的问题有系统的研究。否则，革命非但无益，且会祸国殃民。章士钊说，他当时已经认识到，"党人不学，妄言革命，将来祸发不可收拾，功罪必不相偿"。

就当时革命党人的理论认识水平而言，章士钊说"党人不学"，并非言过其实。就以章士钊本人为例，他当时可算很有影响的革命宣传家了，但他的思想其实十分简单。他鼓吹的主要是"反满"革命，其言论影响最大的也是"反满"革命论。可是他鼓吹"反满"的主要理论武器仍是传统的"夷夏之防"的"民族主义"理论，这也是当时几乎所有革命志士鼓吹革命最得心应手的理论。而清王朝入主中原之初杀戮过重，以及它对于维新运动、自立军起义、拒俄运动的镇压，则是章士钊鼓吹"反满"的主要的事实根据。在他的"反满"论中，很难看到近代资产阶级的"民族主义"思想。他把革命想得很简单，革命在他眼中有时就是杀人、流血的代名词。在他看来，革命要成功并不难，只要有几百几千名忠诚而又不畏艰难险阻、不怕牺牲的革命党人，并且有一个英明的领袖领导着这些革命党人，那么，只要革命党人振臂一呼，必然会四海响应，清政府就不难被推倒。革命成功以后，在革命政府的领导之下，中国很快就可以实行宪政。他没有认识到，共和宪政需要艰苦的准备工作，他天真地认为革命动员与革命本身可以"脱奴隶就国民"。这种认识在当时的革命党人中十分普遍。但是实际情况却是，革命与革命动员固可极大地解放人民的思想，但实际的革命斗争往往要以严密的组织、铁的纪律、领导集体的高度权威为手段；而共和国民资格的养成则需要和平的环境、实际的民主政治生活的训练。革命与革命动员并不等同于民主资格的训练。与当时的一般革命党人不同，章士钊也认识到，要使"反满"革命能实现其拯救民族危机、实现国家富强的目的，而不致步历史上农民战争的后尘——每当农民战争之后，总是出现群雄争乱、民生憔悴的局面，最后则由强者一统天下，重新建立专制统治王朝——就必须宣传资产阶级民主思想，必须宣传"国民主义"。但他对西方资产阶级民主的认识，极为有限，所谓"自由""平等""共和""民主"等，对他来说，还只是道听途说，他对这些东西的了解，只是停留在口号与名词上。他后来对于自己癸卯、甲辰间鼓吹"排满"革命的历史进行过总结，他说：他当时只是"依人谈革命"，"而于东西文字全不通晓，主义胡别，如菽与麦"；革命言论虽然激烈，也很有影响，但那只是"策名于党，义不反顾，言乎其不得不言，动乎其不得不动"，"谓其洞明理实相需之道及法度损益所宜，则未然也"。这一检讨十分中肯。当时整个中国思想界对西方历史、学术、思想的了解十分有限，对自由、平等、民主、共和、权利等这些基本的近代概念，章士钊对其实际内涵的理解确"如菽与麦"，至于将这些东西移植到中国，其间"理实相需之道"以及"法度损益所宜"，更完全没有考虑。这一评判，可以作为我们对1903年到1905年间，革命阵营的思想理论水平的基本评价。

章士钊认为，必须改变这种情况。所以，当同盟会成立时，他就对黄兴说：现在革命思潮已经鼓动起来，革命组织也有大发展，此时革命同志应按其才力性情进行分工，大部分同志仍继续从事发展革命组织，发动武装起义等实际的革命斗争，同时应分出一部分同志，让他们去刻苦学习，潜心研究革命之后的建设问题。这是极有远见的主张。

其时，与章士钊有同样认识的，还有宋教仁。据康宝忠记载："钝初（即宋教仁）居恒相语，谓飘忽敢死者易得，条理缜密之士盖寡，非先植其基，虽满洲倾覆，犹足为忧……满清脆弱，终易破坏……积学之士，固无益于破坏，然效用后日，正未可已。"因此宋教仁不仅自己努力钻研西方政治学说、比较各国制度之源流与异同，也鼓励康宝忠等人努力学习。但"当时同志，佥以逐满帝为急，或未审钝初所言"。宋教仁的日记中就经常有他与章士钊长谈的记录。假若章士钊、宋教仁的意见能成为当时革命党人的共识，就不会出现推翻满洲政府，建立共和政权之后，"全国所能仿佛者，惟立国会、兴民权廓然数大字耳，其中经纬百端，及中西立国异同本义，殆无一人能言"，人们并未真正认识共和、民主为何物，不知如何将共和政治落实的现象。

然而形势逼人，面对近代中国紧迫的"民族危机"，面对着不仅不能解救危机，反而总是加剧危机的腐败的政治制度与政府，改革政治、挽救危局的热望自然会膨胀于人们心中，这是一种饮冰不能止其热的激情，多数革命党人不能认同章士钊、宋教仁的意见，孜孜于实际的革命工作；不能像章士钊那样，安坐书斋，研究学理，是十分自然的事。但是，站在今天的历史高度，总结历史，我们应当肯定章士钊、宋教仁的远见，对多数革命党人不重视理论研究的短视行为，要引以为戒。

章士钊认为，自己适合于书斋生活，相比于从事实际的革命活动而言，他从事理论学习和研究，既能充分发挥自己所长，更可对革命事业做出更大贡献。他的这种选择，无可厚非。

最后，章士钊脱离革命一线，走向书斋，还与他自己的人生志向有关。章士钊自少年时代起，就有走文学之路，并借此光大门楣的志向。废学救国有违他的初志。因此在短暂的废学救国活动之后，他感到革命荒废了自己的学业，觉得"未达壮年，了无学殖，人众茫然无主"，乃重回文学之路，决定"苦学救国"。

自决定"苦学救国"之后，章士钊就"绝口不谈政治"，埋头学问。他自己后来说，"当同盟会旗鼓大张之时，正鄙人闭户自精之候"。那时，他已二十五岁，"洋文不识ABCD，算学不解加减乘除"，但他并不怕别人嘲笑，而以三字经所说"苏老泉，二十七，始发奋，读书籍"自勉。

从此，他"罕与人接"。章太炎主办《民报》，要他为《民报》写文章宣传革命道理，他以"修业明法"为由加以推辞。章太炎"甚恨之"。后来章太炎办国学讲习所，请他写篇文章介绍一下，这似乎与学问有关，他就以"国学讲习会发起人"的笔名给了一篇《国学讲习会序》发于《民报》，算是交差，政治性论题一概不涉及。1906年底，刘道一因在湘赣边界组织萍浏醴起义，被清吏捕获，旋于12月31日遇害。次年1月，消息传到日本，革命同志皆极悲愤，决定于2月初在同盟会本部为刘道一举行追悼会。刘道一的哥哥，著名革命党人刘揆一，在悲愤之余积极组织这次追悼大会，为此，他曾想要章士钊为刘道一作传，因为章在当时的革命党人中颇有文名。刘揆一也深知章士钊此时的全副精力都在书本上，未必肯答应，乃请与章士钊交往密切的宋教仁为之说项。当刘揆一去请宋教仁时，宋即感棘手，他在日记里中称："一月二十六日。雨。……下午刘林生来，言欲为其弟秉生作传，请余及章行严为之，并托余为之往行严处言之。余不忍拂其意，遂姑允之。"果然，及至后来，宋、刘二人一请再请，章士钊都不曾答应。可见，这时的章士钊，"罕与人接"到了不通人情的地步。

他先入正则英语学校学习英文。他原来在南京江南陆师学堂学习时就学过英语，有一定的基础，现在又集中精力猛攻英语，因此，英语水平很快就有了很大提高。在学英文的过程中，好学深思、才思敏捷的他感到中国的古文也可以英语的语法来统御规范，逐渐积累了不少心得。与此同时，为了谋生，他又应聘为实践女校的中国留学生讲授古汉语。他就以清代桐城派文学大家姚鼐编辑的《古文辞类纂》为课本，用自己新学的英语语法来讲解古汉语语法，结果很受学生欢迎。于是，他就想将讲稿编成成书，但是他一面要学习英语，一面要教书，一直难有集中的时间完成这一任务。由于过分用功，加以生活条件十分艰苦，1907 年 1 月，他终于病重入院。这一住就是三个月。在医院中，他不顾医生的再三劝阻，在病榻上，勉力将讲稿编辑成书。这就是当年 4 月，由商务印书馆出版的《中等国文典》。这是章士钊的第一本学术专著，也是他最主要的语言研究著作。该书是早期汉语语法著作的代表之一，其特点是以古汉语为研究对象，而研究方法则模仿西方语法。关于该书的学术地位，著名语言学家杨树达 1924 年在其《高等国文法序例》中曾说：自 1898 年《马氏文通》出版之后，语法著作"大多陈陈相因。盖自同县友人章君行严而外，未见有能为马氏之诤友，于其书有所助益者也"。《中等国文典》是为高中学生写的，在早期的几部语法著作中，它"最能写得清浅宜人，读起来几乎有点文学风趣"（陈望道语）。出版后，很受欢迎，被不少学校选为教材。

二、从兹掉臂游三岛

章士钊于 1907 年末，离开日本，经上海奔赴英国。他这次去英国得力于老朋友杨笃生，章士钊回忆称："洎丁未末，守仁（即杨笃生）依欧洲留学生监督蒯光典，职秘书，同赴英伦，余以文字见赏于光典，并得偕往。"据此，他是 1907 年末去的英国。但从他说是随蒯光典、杨笃生一起去的英国，则时间当在 1908 年 4 月。究竟何时，尚待考证。又，从杨笃生蹈海后，章士钊写给吴稚晖的一封信中所附"杨先生家族情形"，以及其他有关杨笃生的材料看，其时杨笃生在上海办《神州日报》，笃生曾迎养其老母于上海，章士钊去欧洲前曾到上海，拜谒过杨氏之母，与杨笃生亦有叙谈。

章士钊先到伦敦。不久以后，他就考入阿伯丁大学（章士钊称作厄北淀大学）。阿伯丁在英国东北部，离伦敦约一日车程，那里的生活费用与学习费用都比伦敦便宜，风景优美，民风朴素。阿伯丁大学创办于 1495 年，是苏格兰四大学府之一，也是英国第五古老的大学，虽不像牛津大学、剑桥大学那么有名，但其文科却有相当成就，培养过不少出名的学者。赫胥黎就曾担任过该校校长，中国近代著名的维新思想家何启也是该校校友。

当时中国留英学生远不如留日学生多，而且大部分集中在伦敦，在阿伯丁的极少。起初，章士钊在阿伯丁十分寂寞，可谓茕茕子立，形影相吊。这样的生活持续了一年多。到 1909 年，情况有很大的改变。一是吴弱男来了。当章士钊由日本赴英国留学时，吴弱男已经从青山女子学院毕业，不过她并未随章士钊去英国，而是回国，先后在天津女子师范和苏州景海女校充任英文教员，时间总共有一年半。1909 年春，她到伦敦。4 月，吴弱男与章士钊在伦敦结婚，随后随章士钊到了阿伯丁。

其二，章士钊的两位老朋友杨怀中、杨笃生先后进入阿伯丁大学。他身边有了很亲密的朋友。1908 年，章士钊与时任欧洲留学生监督蒯光典秘书的杨笃生，一起向蒯极力推荐在日本东京高等师范学校学习的杨怀中。蒯即调杨怀中到英国留学。1909 年春，在章士钊与杨笃生的帮助下，杨怀中考入阿伯丁大学，主攻哲学、伦理学、教育学。不久，蒯光典因留学生风潮去职，杨笃生亦辞秘书职。10 月，杨笃生也考入阿伯丁大学专习英文。从此，三人"形影相吊，自始未离一步"。三位朋友经常一起切磋学问，商谈天下大事。章士钊与杨怀中都受英国自由主义政治思想的影响，政治主张比较温和，意见相投。他俩都认识到教育对国家富强、社会进步的极端重要性，曾屡次谈及湖南的教育问题，酝酿在湖南建立一个有规模、有水平的湖南大学，计划将湖南现有的高等师范学校、高等工业学校、明德高等商业学校、法政学校、医学校，合并成湖南大学，学校"一切组织均参考东西各国成法而定之"。计划很宏大。杨笃生思想比较激进，加以晚年感慨过多，神经过于亢奋，论事往往与章士钊、杨怀中意见不合。

辛亥三月二十九日，黄兴等在广州发动起义失败，此役革命党精华损失大半，当时盛传黄兴也死于是役。杨笃生闻知起义失败的消息，悲愤过度，夜不成寐，时哭时歌，头痛病发作更甚。后虽知黄兴未死，但悲伤之情未减。同时，瓜分中国之论甚嚣尘上，杨笃生以瓜分之祸迫在眉睫，头益肿痛，愈加夜不能寐。他在给曹亚伯的信中说他"数月以来，精神痛苦，如火中烧"。8 月 10 日，他自阿伯丁乘车到利物浦，跳海自杀。后，其尸首为当地渔夫所获。留英学生、当地华侨在利物浦为他举行追悼会，并将他葬于当地的安菲尔德公墓。曹亚伯记述此事说："次日，旅居利佛坡（今译利物浦）华侨开会追悼，并厚葬之于利佛坡之公共坟园。凡其知交，多远来送葬。惟其同居于爱伯汀埠之章士钊吴弱男夫妇，独不至。"言语之间，不无褒贬之意。曹亚伯所述是事实。章士钊颇讲交友之道，他也一直以交游遍天下而自负，他与许多和自己政见、主张不一的人保持着相当好的私人关系。

他与杨笃生政见有些不一样，但对于章士钊这样的人来说，他绝不会因此而不参加杨的追悼会。究竟是什么使章士钊夫妇没有去参加杨笃生的葬礼，由于没有见到相关材料，不便妄加推测。从现有的材料来看，章士钊与杨笃生之间有些过节，杨笃生在一封遗书中说，他"近日与行严大有意见，其故则由公义私交两相责望而起"。

从公的方面说，他们两人政见略有差异，章士钊自留学后，思想渐趋温和，杨笃生虽留学欧洲，但依然持激烈的革命态度，对于章士钊的温和政见大不以为然，且仍热衷于暗杀活动，辛亥年间汪精卫在北京谋刺摄政王载沣，其所用炸药就是杨笃生从英伦购置的。他们二人公义上失和，主要是两件事，其一是关于王侃叔，其二是章士钊与立宪派有联系。1908年，原革命党人王侃叔（即王慕陶）在清政府驻比利时公使李盛铎的支持下，在欧洲创办远东通讯社，为欧洲报纸提供有关远东尤其是中国的资料，为国内报纸提供欧美媒体的相关材料。对于此事，留欧学生中的革命分子，颇多訾议，认为王侃叔此举是做了清政府的侦探。孙中山到伦敦时，杨笃生等曾面陈此事，孙中山并不反对王侃叔此举，但留学生中仍有不同意见。杨笃生对王侃叔此举亦甚不满，到粤汉铁路事起，各界反对清政府的借款筑路政策，王侃叔则赞成当局借款，杨笃生认为王氏做了清政府外务部的应声虫，彻底投靠了清廷，遂与王绝交，"自后遂不复与侃叔通一函"。而据杨笃生称，章士钊于杨笃生前曾欲往比利时与王侃叔交涉，且无明确的绝交举动，颇不解，深疑杨与王之间有"秘密交易"，"又不欲明言责数，于是每一见面，必作种种题外之文，……多年好友于聚谈时乃不得由衷之言"。两人均苦之。留英时，章士钊确与立宪派有交往，一则章士钊认为革命、立宪两派，虽政见不同，但均为国宣力，道并行而不悖，非你死我活的敌对力量，与立宪派人士有交往，并非见不得人的丑事。既不排斥立宪，故章士钊与立宪派人士交往亦觉心安理得。二则，据章士钊说，他当时生活困难，要卖文补助生活，只要报章愿登，他就不太顾虑其政治倾向，他既向革命党所办的《民立报》投稿，也向表面中立而暗中接受革命党资助的北京《帝国日报》投稿，还向梁启超的《国风报》投过一篇题为《论翻译名义》的文字。对此，杨笃生很以为然，他在一封遗书中称："行严自上海失败以后到东留学，已绝意革命事业，与各种激烈波澜全无关系，及今犹徘徊梁卓如（梁启超）杨皙子之间，既在《帝国日报》馆担任文字，而《国风报》上亦有大作一首。"杨笃生为此屡次责备章士钊，两人之间日渐生分。

从私交方面说，他们有经济纠纷。杨笃生在一封遗书中详述此事："所谓私交者，弟在沪、在东京、在伦敦时，与行严有通财之谊，惟均系弟付行严款，并无行严付弟款。因系朋友交好，彼此全忘形迹，即为私用款项，弟均不认为一项债务，了未提及。到伦敦时，因欲习英文，曾请行严讲授两月有余，每月由弟出学费三镑，作一按月付修之局。嗣因事中辍，及来沪北冷（应为厄北淀），复请行严授英文，愿照伦敦月修三镑付款。行严殊不以为然，谓需除账。弟闻此，心殊不慊，因前此与行严通财，其中有公用之款为数特多，全无债务性质，固不待言，即行严私用款项（原注：数不甚多，不过四十镑以内），弟亦未遽认作一项债权，而察行严在沪（指"沪北冷"，即厄北淀——引注）情形，由弟按月出学费，不能敷衍，既议除账，而于事实上仍次第每月付款，则除账二字纯然无意味。故弟直答之曰：'日后君如有多款时，苟逢弟窘，尚可相邮，此时且搁置之。'至去岁（1910年——引注）五月初三，弟从行严读英文已及七个月，而行严陆续向弟支用之款，复及三十余镑，每月约由弟付款五镑。弟在伦敦时，入款较丰，尚止以三镑为每月付修标准，到沪北冷（厄北淀）后，湘费（杨笃生为湖南官费留学生，每月由湖南给学费——引注）仅每月八镑，付行严五镑外，所余仅有三镑，住房吃饭零用另聘教习各事，无论如何，决非三镑所能足够。弟在此另请教习，每点钟不过一先零（即先令）或一先零半，照行严支款每月五镑计算，每点钟约需五先零以外，实为情理所不应有。弟因此不能不责望行严。"此遗书刊于《中华民报》。其时，章士钊因主笔《民立报》引同盟会之激烈分子不满，激烈分子刊出此函，意在攻击章士钊人品、思想均有问题。信函刊出后，颇于章士钊不利。章士钊怀疑此信有被窜改处，"疑信参半"，乃在脱离《民立报》后另创的《独立周报》的第一期，刊布《章行严与杨怀中书》，说明他与杨笃生的冲突，并请见证他们二人冲突的杨怀中为之做证。

章士钊在信中说："笃生于公为至亲（杨怀中为杨笃生族叔祖），于弟为至友，在英伦时，吾三人形影相吊，始终未离一步，苟弟有愧对笃生处，公必知之。笃生暮年，感慨过多，好持极端之论，与吾二人不能尽合，此当为公所能忆。弟与笃生风义本在师友之间，有时持论，故避其锋，冲突亦不甚烈，次数亦不多。"议论方面，冲突也不过是汉字存废等问题，无关大事。王侃叔为他与杨笃生共同的朋友，他还曾向笃生提及想为远东通讯社翻译材料挣稿费以补贴日用，根本无强迫杨笃生与王侃叔绝交之事。至于二人之间的经济纠纷，章士钊承认"有负于笃生"，他说在苏格兰时，他向杨笃生总共借款大约 30 余镑，他不仅向杨笃生借钱，还向其他许多朋友借钱。关于为杨笃生补习英文并要求学费事，章士钊在此函也有详细的解释："弟于英文，较笃生有一日之长，以知识贡之朋友，此何足算，且弟尽此种义务甚多，公（即杨怀中）知之审，胡乃于笃生转吝之，而笃生重过节，必以为须送学费，于心始安。弟不为然，苟弟在英时始终无人通缓急之必要，则弟拒其学费，可以表弟意之无他，而无奈弟有待于笃生，复同时拒其学费，颇犯预留机会任意取携之嫌疑，弟明知之无法可避，而不料笃生竟以为言，此今日言之犹有余痛者也。在厄北淀时，笃生提议送费，弟坚不允。笃生置一镑十先令于桌，不肯收回，势将决裂，时公亦在座，弟因谓前次通融甚多，即欲送费，宁复须此？此语公实闻之，笃生必欲过其词，谓弟将与除账，此实笃生多疑之咎？至笃生谓弟每月向彼索取五镑，亦属有意归过。盖笃生假款于弟，一半由其见弟窘迫，自携资与之；一半由弟向彼通融。笃生必欲总其成数，按月摊派，以为月修云云，此语殊不似平日所言。又笃生谓弟知其月只津贴八镑，而弟索五镑。夫弟之敢有渎于笃生者，以知有余金二百余镑也，果如书中所言，是岂有心者之所能为。……实则弟与笃生有金钱上之嫌隙，弟绝不知之，知之则在昨岁暑假初，彼携公与弟算账始。述此事之近因，至为可笑，弟授笃生以英文，每日皆按时至彼寓。暑假前数日，弟困于试事，未能如时往，且有两日，竟未告假，而亦未往，此种形式乃笃生最能遵守之者，弟竟破坏之，彼遂以弟为忤彼，时维以他种激刺（指广州三二九起义失败——引注），乃扶公与弟为严重交涉，逼弟与之核算债务，应余学费若干，应偿彼若干，当时所言，悉失常度，余妻吴弱男，至为骇走。"后来章士钊曾有信与杨笃生，双方关系略有缓和，但感情已伤。

很快，这事传了出去，留欧学界有人知道章、杨二人之间的冲突，吴稚晖曾致函章士钊夫妇询问情况，事为杨笃生得知，甚为不满，致函吴稚晖说，此为他与章士钊之间的个人交涉，外人无权探听，且他从未向人提及此事，一定是章士钊夫妇向人嚼舌，其"心术非弟所敢知，亦非弟所屑较"。又发议论称："今之志士仁人大都具有煮豆燃萁之能力，平生受惠于人，为事已伙，内省不疚，何卹人言。"又明确要求吴稚晖以后有信给他，绝不可通过章士钊夫妇转达，必须直寄于他，否则他将认为吴稚晖将他列于"不屑教诲之列"。

作为杨笃生的老友，章士钊没有参加杨笃生的葬礼，他给吴稚晖的解释是他"一钱莫名，一步不能行"，此恐为托词。其如此举动确有过分之处，究竟内情如何，尚无详细材料可以解释。章士钊也参与过杨笃生的丧葬事宜，但其行为亦遭到一些革命党人非议。杨笃生的丧葬事宜，由吴稚晖主理，后来杨怀中曾特函吴稚晖感谢其"高义薄云"的义举。杨笃生蹈海前曾有致函吴稚晖，告其将殉国。吴稚晖得函后，急赴利物浦，此时杨笃生已蹈海身亡，而杨怀中此时正在德国游历，吴稚晖乃向章士钊征求其关于杨氏丧葬事宜的意见。章士钊提出，"以葬于利物浦为得"，并提出杨怀中也一定会同意这个意见。至于杨笃生家人或有重尸之念，欲将其骸骨运回国内安葬，他将与杨怀中向其家属解释。同函，章士钊又向吴稚晖提出，杨笃生为湖南官费留学生，又为国而死，其丧葬费用理应由清政府留欧学生监督处先行支付，然后再由监督处向湖南巡抚索取。至于杨笃生遗留的一百多英镑，应严格按遗书执行，以三十镑寄其老母，余一百余镑则交黄兴做革命经费，"以全其志"。同时，章士钊致函留学监督钱士青（文选）称："士青先生执事，湖南官费生杨兄守仁，以脑疾忽发，于前礼拜日自沉于利物浦之海湾，现已有同仁为之经营后事，惟杨兄派自湖南，理应由尊处即时电告湘抚，此时营葬及将来或当运棺返国一切费用，皆当由尊处支出。监督处有护卫学生之责，并当即时派员至利物浦视察情形。特此奉函。"此后，杨笃生的丧事大体照这一思路进行，即葬于利物浦，费用由监督处支出。

　　学生们想隆重安葬杨笃生，但钱士青不肯出钱，吴稚晖等与钱士青谈判，不得要领。最后学生们决定对钱士青采取强硬手段，先派人找了一家制作石碑的作坊，不问价钱就预订了个39镑半的石碑，并开具票据，拿票据给钱士青看，说："这钱你要是不出，今日就休想出门。"钱士青仍不答应。吴稚晖突然拍案而起，厉声对钱士青说："你须知道杨先生是革命党人，目前座中各人，除你外，我们尽是革命党人。目前在利物浦的中国同胞，一千数百人，也几乎尽属革命党人。我们革命党人，是最讲道理的。今杨先生之投海而死，等于为中国革命而死。区区墓费，由国家支付算什么。倘你靳而不发，你还想返回伦敦吗？我劝你不要多生枝节。今日先将葬费清付。"钱士青一想，反正钱是公家出，没必要较劲，乃同意支付杨笃生的丧葬费用。

杨笃生的墓碑上所刻"S. Z. Young"，"A Martyr to His Political Principles"的墓志，为章士钊所拟。墓碑题款原为石瑛所拟，文曰："Political Martyr"，章士钊以为不贴切，主张改为"A Martyr to His Political Principles"，并专门就此向英文专家请教，专家然其言。

杨笃生蹈海前，章士钊与杨笃生有过节，杨去世后又未参加葬礼，只是请吴稚晖在签名簿上代签"章民"二字，招人不满。他虽在幕后参与一些丧葬事宜，并在力争由监督处支付丧葬费用方面，出过一些力，但他又嫌去预订墓碑的人办事不力，一个墓碑竟花了近40英镑，以致钱士青认为革命党人借杨笃生丧事"渔利"。具体经办的人则认为，这钱横竖是监督处出，管他贵不贵，而且当时预订墓碑本是要拿票据向监督处要钱，哪管得了那么多。章士钊嫌墓碑贵，他自己却并不去经办，且以无钱出为托词，不参加葬礼，但他买书舍得花钱，而且一箱两箱地买，心安理得，并不以为贵，现在却对革命烈士的墓碑大发议论，嫌其太贵，实在不可理喻。吴稚晖在致石瑛的信中说到此事，颇愤慨："今我等欲买一四十镑之碑，嫌其价大，骇其非常者，若而人，而有人坦坦然则购书两箱，虽较碑值为巨也，虽有哗者，然其人则习而安焉。然非此人者，则款（指杨笃生的丧葬费）亦莫集。呜呼，金钱。"由是，对章士钊心生意见者不少，曹亚伯就是一例。多年后述及此，曹亚伯仍难掩不平之气。

杨笃生死后，章士钊还曾函吴稚晖，希望吴稚晖摘取杨氏遗书中数语告知，以便他将此电告《民立报》馆，"风示国人"，"务以能激动国人之灵感者为上"。

在杨笃生丧葬事宜上，章士钊的行为不无可议，但与章士钊、杨笃生交情甚深，而且又是杨笃生的叔祖的杨怀中，并未因此责怪章士钊，相反还与章士钊保持良好的关系。

吴弱男留英后的变化对章士钊触动很大。到英国之前，吴弱男是一个女权主义者，鼓吹极端的欧化论。到英国后，吴弱男"亲接彼中妇女，往来大学教授及名牧师之家庭间，尽得其忠勤端静，持家教子，非成年之女，无督不得独出诸状，则尽弃昔日之所妄信谬执，一以亲炙于西贤者为归，而浸化焉"。自此以后，吴弱男不再鼓吹男女平等，也不再积极参加政治活动，"尤鄙女子参政论"，把主要的精力放在家庭，"闭户理家政"。

吴弱男的转变，确是她亲身接触英国社会的结果。当时的英国，维多利亚女王刚去世没几年，维多利亚时代的道德规范、风俗习惯仍广泛存留在英国社会，尤其是上流社会。吴弱男所接触的正是英国的上流社会。维多利亚时代特有的思想与风尚的"核心是一种严肃的道德观念。它不仅决定了无数人的品行，也决定了支配社会的风俗"。这种道德观念是十分严冷、苛刻而无情的。"对许多维多利亚时代的人而言，家庭是神圣的，它是品行最初的、最重要的养成所……家庭中的父亲，坚持以严格的、虔诚的严正纪律持家。"对于男人，道德要求他们必须虔诚，有志气，不怕艰苦，严格拒绝性的吸引力，并且生活俭朴，行为刚勇。"男人认为女人是低下的，而且训练女人接受这一观念"，女人被要求服从丈夫，"她的唯一作用是一个文雅的装饰品"，淑女外出工作被看作"不可思议的事"。但严冷的道德规范，造成伦理体系的虚化。中上流社会并没有切实遵守他们所宣扬的道德规范，"严谨与虔诚的后面是极大的伪善"，"由腐败的慈善事业中获利的教士，宣讲人不可唯利是图。破产的商人讲述俭约之道。逛妓院的人在社交界从不提'性'字"。而对下层人们来说，妇女不外出工作就不足以维持生存，而扒手与妓女则成了对下层的年轻人最有吸引力的职业。

可见，维多利亚时代的道德规范与中国儒家的道德规范有些相似之处。吴弱男留英前后的变化，给章士钊的启迪是，中西的道德秩序并无太大差异，只是如何落实道德秩序，中国的礼教与西方的宗教有差异。这成了他以后反对伦理的解放，鼓吹道德复旧的重要依据。他说，国内许多鼓吹欧化的人对于西方的了解，就像吴弱男留英之前对于自由平等问题的理解一样，与西方的实情往往大相径庭。

经过实际了解，章士钊对英国的伦理道德也有所认识。他用儒家伦理规范来看维多利亚时代的道德，称赞英国人"上有礼，下有学"，信奉基督教之人"言忠信，行笃敬"，说英国的女人"忠勤端静"，所运用的基本概念是儒家伦理中的常用概念。当时在伦理道德领域，大致有两种偏于极端的认识。一是一些耳目四塞、盲目自大的人，他们在事实面前不得不承认，中国的物质文化确实落后于西方，甚至还承认中国的政治制度落后于西方，但他们说，中国的礼教足以自豪于世界，将中国视为礼仪之邦，而将西方视为野蛮之国。二是一些极端的西化论者，说中国事事不如人，中国不但科技、政制落后于西方，而且应当移植西方道德秩序。与这两种人不同，章士钊曾明确指出那种认为中国的伦理道德可以移植世界的说法，是"虚骄自大之语"，也反对整个地移植西方的伦理道德。在他看来，西方的道德秩序并不比中国差，中国儒家伦理所设置的伦理秩序与西方伦理学说的要求也大体一样，不存在孰优孰劣的问题。英国的道德秩序之所以比中国好，原因是那里的宗教起到了维系世道人心的作用，中国之所以道德日益堕落，原因是礼教并没有将它所设置的道德秩序落到实处。因此，中国的问题是如何将儒家所设置的伦理要求落实到人们的日常生活中，而非移植西方的伦理道德。

留学生活相当艰苦，首先是生计困难。章士钊虽然可以获得清政府的公费资助，但公费不够花。后来，他又结婚生子，经济压力很大。虽然他有稿费收入，但日子仍过得紧巴巴的。1909年他曾写信给时任清政府留欧学生监督处秘书的杨笃生，要求杨将学费从速寄出：

笃兄大人鉴：

两示未得复，想过忙之故，然甚望所恳寄出学费一事，未付之脑后也。弟已料理返伦。英人寄食，以周核计。十七号刚足最后一周之数，几块干面包，弟亦必嚼之使尽。盖英人视钱如命，故吾等亦不与之放松乎。大约是日可与兄握。读书迩日动定何似，替人已揭晓未？弟仍望于离此间以前得兄一信。有便乞催小徐寄款，若不得此，无能动弹也。

弟士钊白

十一日

这封信的写作月份不明，但其拮据之状，可见一斑。他不得不到处借钱，不仅向杨笃生借过三十多英镑，还向杨怀中借过五十多英镑，又向其他友人借过钱。他有家有室，又嗜好买书，日子过得紧在情理之中。为解决钱的问题，他向国内的报刊卖文。说到此时卖文糊口，章士钊在给吴稚晖的信中曾说："《民立报》中，钊所作文并不多，先生所见者，不必即为钊作，其中偶有为钊作者，皆东涂西抹不值一钱之文也。钊从来执笔当祈之于兴会，而此时则直为钱神所逼，一横一磔（即捺）皆不自如。《民立报》为钊所愿投文者，而该报甚穷，不能供弟面包之费。前两月北京某报（即《帝国日报》）以金三百至，乃不得不在和装《法规大全》中寻些题目，拼命敷衍之。《民立报》则两月未寄一字去矣。"吴稚晖曾向蔡元培说，章士钊卖文，一字一饷；又深夜造访，劝章士钊莫过于看重阿堵物，章士钊复函称，"钊之鬻文实迫于万不得已，即先生致民友先生（即蔡元培）书所谓一字一饷者，且有时无数字亦竟不得一饷。钊所为文，颇类荡妇卖淫，一随顾客之所欲，与学问无关，去志节犹万里"。困难时，章士钊曾有放弃留学，早日归国谋事的想法，但强烈的嗜学之心，终使他能克服困难继续求学。到 1911 年 10 月 10 日，武昌起义后，章士钊决定回国时，两手空空，到处筹钱，好不容易通过吴稚晖向孙中山借了 130 镑，才凑足盘缠。到 1912 年 2 月初，他带着妻儿抵达上海时，手上只剩 2 镑了。

虽然生活艰难，但章士钊仍把主要的精力放在学业上。他的主攻方向是政治和法律，同时从戴蔚孙教授学习逻辑，从邓仁潞博士攻读经济学。留英四年，章士钊刻苦攻读，举凡当时在西方有影响的政治、法律著作，无不涉猎，作了大量的读书笔记；并且还拜会英国的一些著名法学家如蒲徕士等，与之恳谈，商讨中国的政治改造问题。留学英国打下了他一生新学的基础，对他此后的学术研究产生了莫大的影响，也形成了他的自由主义的政治思想。1910 年到 1917 年间，他反复鼓吹的，就是他留学英国时所接受的东西，甚至在他走向保守之后，自由主义的影响，依然清晰可辨。在政治思想上，章士钊所受英国的影响主要有两点：一是英国 19 世纪的自由主义，即功利主义的影响；二是英国式的社会政治进化道路。

19 世纪是自由主义的世纪。所谓自由主义，狭义地说，指的是一种立在保守主义与社会主义之间的政治立场，是一种既赞成改革但是又反对激进主义的立场。广义地说，它"几乎等于是通俗称之为'民主政治'的含义"。其核心观念是一切价值的终极含义是满足和实现人的个性。19 世纪的自由主义是对法国大革命的反动，它汲取了 18 世纪启蒙思想的合理成分，但又反对革命，而把演进当作革命的对立面加以理想化。这是因为法国大革命的过火行为在西方各国引起了对革命的反感。英国的产业革命发生最早，整个 19 世纪，英国都是世界上工业最发达、工业资产阶级力量最强大的国家，因此自由主义在英国发展得最充分、最典型，出现了一大批自由主义的思想家。英国自由主义的一个重要特点是，它是和 19 世纪英国的社会政治改革运动紧密联系在一起的，为着共同的社会政治改革目标，自由主义者往往要学会将具有不同意识形态的各种集团拢在一起，使具有不同思想信仰的人既能联合起来为着共同的目的奋斗，又能在这一过程中保留各自的意见。因此，"各种利益集团的和解，就公开成为其（指英国的自由主义）哲学的一部分"。19世纪英国自由主义的法学家与政治学家，如边沁、约翰·密尔、托马斯·希尔·格林、梅因、白芝浩、戴雪、蒲徕士、伦纳德·霍布豪斯等人的思想学说对章士钊都有着重要影响。英国的内阁制与法律制度，英国政党政争的平稳有序，尤其是英国人"善用调和之本能，得使反对党之意见以时消息"，让他大为叹服，他渴望将这些移植到中国。

对章士钊产生重要影响的第二个方面就是英国式的社会政治进化方式。关于英国社会的进化方式，钱乘旦先生在《在传统与变革之间——英国文化模式溯源》一书中说："在世界各民族中，英国算得上是一个典型，它体现着一种独特的发展方式——英国发展方式。这种方式以和缓、平稳、渐进为主要特色，即使对世界事务不甚了解的人，也会有一种模糊的印象，即英国是一个稳重的民族，它注重实际而不耽于空想，长于宽容而不爱走极端，在世界历史的长剧中，属于英国的惊心动魄的场面实在不多。但正是这个不爱走极端的稳重的民族为现代世界（至少是西方世界）奠定了好几块基石。……英国是现代世界的开拓者。"事实也确实如此。英国社会发展具有很好的连续性，一切现代英国社会的特征都可以在英国历史发展的长河中找到其根源。英国社会的发展很好地处理了传统与变革的关系，变革从来不是以与传统决裂的形式实现的，恰恰相反，都是立足于传统，由传统发展出来的新的事物，在与传统的斗争中，又吸收了传统的积极因素，形成新的传统，而更新的变革又从新的传统开始了，如此循环反复，实现了英国社会的进步。英国的这种独特的发展方式，在新与旧之间，处理得十分融洽。这对章士钊有着极大的影响。他的调和立国论，他的新旧移行说、新旧调和论，都强调处理好传统与变革的关系，都强调历史发展的连续性，强调要以平稳有序的方式实现社会的变革。他既反对过分的激进，也反对顽固守旧，而主张守旧而不顽固、革新而不激进。

三、主笔《民立报》惹风波

自 1910 年起，章士钊开始为北京的《帝国日报》撰写社论，鼓吹英国式的政党政治。1911 年 10 月武昌起义后，他就筹划归国。当时在英国的章士钊十分关注国内局势的发展和英国舆论对中国革命的反应。他一面密切关注英国媒体对中国革命的报道、评论，并将其中称赞中国革命，或者主张严守中立，反对干涉中国革命的言论编译出来，以电报发给上海的《民立报》。几乎是一日一篇，甚至一日数篇。比如，10 月 14 日，《民立报》刊载的伦敦特电称："英国政府深赞成在汉英领事之守中立，电告同意。""伦敦泰晤士报警告列强，谓中国全国人民皆深藏反对不良政治之志，此次流血，实于中国救亡之前途大有裨益。"15 日电报称，"此间舆论已大张一种主义，谓将来中国必立共和政体之新政府，其总统大约孙逸仙充之"。诸如此类的电报，对于鼓舞国内革命阵营的士气，消除他们对于列强要乘中国革命之际瓜分中国的担心，大有裨益。后来当《民立报》与《民权报》《中华民报》笔战时，于右任在《于右任答某君书》中说到这些电报时曾说，"自前年《民立报》出版，（行严）即在英国担任投稿发电，武昌举义后，欧洲电报收效不少"。

当然这是有选择性的，欧美媒体关于中国革命的另一面，章士钊并没有介绍。其时，欧美媒体对于中国革命，除关注战局进展、在华欧美侨民的安全、交战双方是否愿意遵守条约并保障欧美各国在华利益、各国政府对于中国革命所应持的外交政策等问题外，另一个重要的言论倾向是觉得以中国的历史以及现实的社会条件，尚缺乏确立共和政治的条件，民主政治还难以在中国真正实行。当时在海外的中国留学生曾花大气力，对欧美媒体进行解释和说明工作，比如当年在美国留学的胡适就曾在多处演说或发表文章，说明中国实行民主共和的可能性。应该说，海外媒体的这种担心有其道理。当时在英国的章士钊也十分关注这一问题。他在给吴稚晖的信中说："欧纸讥吾无政治经验，恐不适于共和政治，着手之初，此耻必洗去"，希望革命胜利后，革命同志克服困难、努力建设民主政治。章士钊观察英国各主要媒体，认为"每日电报"所持议论"确有为他报所及处"，但"每日邮报"是最为适当的公关对象，因为"彼之祖我亦极为显明"，且其"内容甚富，销场之广甲于全英各报，各种社会皆读之。去年葡萄牙（指1910年葡萄牙革命事）即以之为机关"。

武昌起义后，革命领袖孙中山未及时回国指导革命，而主要在欧美进行活动，以争取各国同情革命或者保持中立，筹措经费，对此章士钊有不同意见，他认为，国内义军已起，革命领袖当及时回国，稳定军心，指导革命；至于各国对革命的态度，主要不是靠外交活动，而是要靠革命实力，各国承认独立与否，"全诉之于实力"，要紧的是运动各省独立，而不是请孙中山到欧洲一游。不过，当孙中山到欧洲时，章士钊曾去拜访过孙中山。据章士钊称，孙先生当时邀他归国担任他的秘书长，他愉快地答应了。

当武昌起义后，章士钊即酝酿放弃学业，回国参与革命。但川资无着，留欧监督钱士青曾答应出钱，但事后又反悔，最后得吴稚晖之助，川资方落实。武昌起义后，留欧学生多有急于回国者，章士钊认为像他这种学习政治法律的学生及时回国，为新政府出力，学有所用，不失为一选择，而学习自然科学的人，若此时放弃学业回国，学不足以致用，殊可惜，从长远看，国家建设需人，学习自然科学的人当以专业为重，从政非上选。章士钊曾数次以此言劝阻一些急于回国的学习自然科学的留学生。

1911年12月，章士钊挈妇将雏，带着借来的盘缠，放弃了隔一个学期就能到手的硕士学位，回国服务。

1912年2月初，经过一个多月的长途海上旅行，章士钊挈妇将雏，抵达上海。安顿好家人后，即赴南京。那时南京临时政府已经成立，孙中山任临时大总统，黄兴则任陆军总长。他此去南京，原是去担任总统府秘书长的，不过等他到时，孙中山已聘胡汉民为秘书长了。章士钊一时似乎无事可干。一次，黄兴对他说："各部长官，多久旷未到，君一试如何？"当时南京临时政府各部总长，只有陆军总长黄兴、教育总长蔡元培、外交总长王宠惠在南京任职，其他各部总长，如实业总长张謇、内务总长程德全、交通总长汤寿潜等都躲在上海租界，对临时政府持不合作态度。所以黄兴就邀章士钊在政府内任职。章士钊却拒绝黄兴的这番盛意，他说："不，不，我有我的铁饭碗，你怎么忘记了呢？"两人相视一笑，黄兴明白，章士钊不想当官，而想办报。章士钊一生办过不少报刊，他把办报办刊看作是自己的铁饭碗，并说自己有这个铁饭碗，一生吃穿不愁。黄兴即劝章士钊去上海办《民立报》。

《民立报》为同盟会的机关报，是一份具有全国性影响的报纸。由于该报的核心人物宋教仁、于右任已在南京临时政府担任要职，急需一个有能力、有水平的人去主持。章士钊有过办报的经验，又新从英国归国，有较高的法学和政治学修养，是主持《民立报》的理想人选。于右任听说章士钊有意办报，大喜过望，马上就和诸同志商议，决定请他担任主笔，总理《民立报》的编辑事务。说起此事，于右任后来曾解释说，"及行严归国，弟（于右任自称）得中山同意，再三聘请入社，因其为旧社员而极表同情于本党者也"。作为《民立报》的实际主持人，于右任对当时中国各报党派气息过浓，不少报纸热衷于媒孽谣言攻击对手，言论上好作意气浓烈之词，喜以谩骂代替说理的风气，深感其不当，思改之，想将《民立报》办成"东方之泰晤士报"，其入手方法就在"养成立言信用，不做过激之谈，亦不作偏激之论"。章士钊正是合适的主笔人选。

有革命党人说，《民立报》是同盟会的机关报，主持笔政的必须是一位同盟会员。于是，吴稚晖、张继、于右任等纷纷做章士钊的工作，要他加入同盟会。但他又一次拒绝了朋友们的盛情。当时，革命已经胜利，同盟会执掌政权，参加同盟会不再要冒生命危险，相反，成了一种光荣，也是获取一官半职的捷径。章士钊若有意仕途，若官瘾重，那他就会毫不犹豫地加入同盟会。以他与同盟会中诸领袖的私人关系，以他在革命历史上的贡献，以他的学识与影响，加入同盟会对他来说，就可以过官瘾。但章士钊觉得：第一，同盟会在东京初建时，朋友们想方设法拖他入会，他却一意孤行，拒不入会；现在，革命已经成功，参加同盟会不会有危险，而只会有现实的好处，他却突然入会，此等行为，"非鄙夫谁胜之？"他不愿意被人看作见险则避、见利则趋的小人。第二，他觉得，办报就应保持独立。留学英国时，章士钊就十分关注英国言论界的动态，尤其爱读艾迪生主办的"司佩铁特"［spectator（旁观者）］周报，并以东方之艾迪生自况。他觉得，要使自己的言论独立公正，就不能加入同盟会，而应像英国的艾迪生一样，以局外旁观者的身份，冷静地、理性地分析时局、剖析社会，发表言论，指导社会，而不是随波逐流，或者屈从于当局的意旨。他认为若加入同盟会，势必受种种限制，难保持言论的独立公正。第三，他希望自己留在同盟会之外，做同盟会的诤友。当时同盟会执政，一些同盟会会员意态骄横，心理偏狭，南方各大报纸，只有《民立报》有做诤友之资格，其他各报大都因原来主张君主立宪，不敢发表议论，著名的《时报》甚至有几周不登原来每日必刊的"社说"。正是这种形势下，章士钊开始主《民立报》笔政。入《民立报》之初，章士钊就与于右任约定，他将坚持言论独立，"冀于同盟会炙手可热之时，以中道之论进之，使有所折衷，不丧天下之望"。

所以章士钊主笔《民立报》之后，对执政的同盟会就不是出于阿谀奉承，或把《民立报》变成同盟会的传声筒，甚至也不偏袒同盟会，对同盟会、南京临时政府的一些决策、做法，他根据自己的认识提出了严厉批评。他对南京临时政府内务部颁布的《民国暂行报律》、对《临时约法》的漏洞都提出了批评。在建都问题上，《民立报》也不支持孙中山、黄兴定都南京的主张，而主张对袁世凯妥协，定都北京。尤其是在《国民公报》案和张振武、方维被害一案上，章士钊更是大伤党人之心。

《国民公报》创办于1910年7月，是国会请愿运动中由国会请愿同志主办的报纸，名誉社长是国会请愿中的干将孙洪伊。1911年5月该报改由立宪派干将徐佛苏办理。这是一份立宪派的报纸。南京临时政府成立后，该报对南京临时政府及同盟会颇多批判，久为同盟会激进分子记恨。到南京临时政府终局，袁世凯在北京就任临时大总统，该报批评同盟会的言论更著，甚至称南京临时政府是伪政府，言辞不无过火，又极力鼓吹立宪派领袖之一的梁启超当归国，引发同盟会中人的强烈愤慨。1912年7月6日，北京《国光新闻》经理、同盟会会员田桐等率人到《国民公报》找徐佛苏说理，据报载有"殴人毁物之事"，徐佛苏、蓝公武被打，《国民公报》馆内物件被毁者不少。事后，双方均向警察当局呈诉。此为《国民公报》案。事件发生后，原立宪派的媒体大为愤慨，对田桐等口诛笔伐，并攻击同盟会为暴烈团体。而同盟会之激烈分子则称共和党党魁黎元洪为"不要脸之狗"，共和党表面以黎元洪为领袖，实际由康有为、梁启超控制，"欲推翻共和，规复帝政"。一般中立的媒体大都认为田桐等人的行为，非文明人所当为。因田桐为同盟会会员，对田桐的攻击势必波及同盟会。

为应对此事，《民立报》决定发表社论，表明态度。为此，《民立报》社曾专门开会研究立论主旨，最后定文章主旨是区分个人行为与团体行为，并决定由章士钊执笔。这就是1912年7月10日发表在《民立报》上署名"行严"的《论北京报馆冲突事》。文章称，此事纯粹"一刑法上问题"，不是政治问题；有司衙门处理此事，不必顾及其为何机关之人，"易词言之，此个人责任问题，有若干人与其事，即由若干人负其责。苟或违法，与其事者不得借机关之名以自解，执法者亦无须回顾机关而为所牵制也。盖与其事者之属于某机关，不过事实之偶然，于适用法律无丝毫关系"。同时，又指出，与事之人，虽为同盟会会员，但系个人行动，并非同盟会的团体行动，由此攻击同盟会，"实法律上绝大误会"。章士钊对田桐等人的行为很不为然，但社论并未明说此意，而是着力辨析此为个人行动，非同盟会的团体行动。应该说，在一般舆论因攻击田桐等人，而攻击同盟会的时候，此社论有正本清源之用，对于维护同盟会的声誉有积极作用。但同盟会内的激烈分子，大不以为然，认为章士钊的社论，明显缺乏"战斗性"，是软弱妥协的行径，且言辞间，似乎认为田桐等人行为不当，实不应为同盟会机关报之所应为。结果，"此文大为激烈派所不悦，此为行严受攻击之始"（于右任语）。

张振武、方维是参与武昌起义的著名革命党人，他们与时任副总统兼湖北都督的黎元洪长期不和。1912年8月16日，黎元洪假手袁世凯将张、方二人杀害于北京。这就是轰动一时的张、方案。消息传出后，立即在政坛掀起轩然大波。

各种拥袁报刊，对袁、黎狼狈为奸杀害张、方之举，大唱赞歌，说张、方虽是革命元勋，但民国已经建立，他们仍妄图搞二次革命，破坏社会秩序，死有余辜。又称赞袁、黎采取断然措施，处死张、方，使中国免于再起之兵戈，实在英明伟大。他们对张、方极尽攻击、谩骂之能事，而根本就不曾考虑：即便是张、方罪大恶极，死有余辜，对他们的处决也应经严格的司法程序。袁、黎下令秘密逮捕、秘密处决公民，实在是滥用职权，草菅人命，依法应当受到弹劾。

在参议院内部，议员们也有分歧，拥袁议员百般为袁、黎开脱罪责；

与张振武关系密切的共和党中的原民社议员以及国民党议员则在参议院内提出了弹劾案。但弹劾的对象又不一样，或则主张弹劾黎元洪，或则主张弹劾内阁总理陆徵祥、陆军总长段祺瑞，但在拥袁势力的一再阻挠下，弹劾案一直难以通过。其实，即便是参议院通过对黎元洪、陆徵祥的弹劾案，甚至通过对袁世凯的弹劾案，会不会有什么实际作用，也很让人怀疑。

于是，以《民权报》为代表的同盟会激烈分子，则将矛头直指袁世凯，公开提出"武力解决"的主张，主张再次发动革命。

作为同盟会的机关报的主笔，章士钊对张、方案的态度，与《民权报》不同，他既反对因为张、方案而再次发动革命，也反对弹劾总统袁世凯。他说，中国实行内阁制，在内阁制之下，总统不负责任，处决张、方的军令由陆军总长段祺瑞副署，应对张、方案负责的是陆军部，而不是总统。并且还说，处死张、方只是陆军总长的"行政过失"，并不适合于弹劾。同时，他提出要防止类似事件再次发生，就必须从法制建设入手，实行"出廷状"制度（详见下文），否则，对袁世凯政府的谴责，"终觉道德之意多，而法律之意少"。

章士钊对张、方案的看法，被激进派看作有意为袁世凯开脱，招致他们的极端不满。激进分子甚至怀疑章士钊故意与同盟会过不去，是同盟会队伍中隐藏的立宪派分子。章士钊的看法未免有些书生气。当时中国实行的是内阁制，但那是有名无实的内阁制。对于张、方的被杀，袁世凯应负责任。不过章士钊的立足点在完善法律，用意是没错的。不过，激进分子并不这样看。他们说，章士钊本是政闻社成员，与立宪派领袖梁启超关系密切，并且曾在梁启超主办的《国风报》上发表过文章，此为曾经依傍康党的铁证；当武昌首义后，又曾在《帝国日报》上发表文章，鼓吹革命会招致列强干涉，并且用的是"秋桐"的笔名，现在主笔《民立报》却隐去"秋桐"之名，而用"行严"，显然是想隐瞒曾经反对革命的不光彩历史；

并且以立宪分子而主笔同盟会的机关报，所发议论居然和梁启超相似，又不加入同盟会和国民党，显系别有所图；甚至说章士钊留学英国并没有五年，实际只有一年半，而且并未曾正式进入英国的学校学习，连英语语法都不通，拿着字典一天也只能读两三页英文书，水平实在很低。诸如此类的攻击之词，一直到章士钊被迫离开《民立报》后，仍"连载十余日不休，若谓中国可亡，而章行严之名誉不可使存"。他们又将英国时与章士钊同居阿伯丁的杨笃生的遗书一通发表在《中华民报》上。遗书中对章士钊诋伤之语不一而足。最主要的就是说章士钊"徘徊于梁卓如、杨皙子之间"，这是章士钊曾为立宪分子的铁证。他们又质问于右任："党内人才济济，为何要用非党员充当本党机关报主笔？""何厚于章某而薄于本党？"以戴季陶为首的激进分子在《民权报》《中华民报》上，不仅对章士钊大张挞伐，甚至以《讨民立报》为题，对《民立报》和其实际主持人于右任大张挞伐之词。说"《民立报》鬼鬼祟祟，其办报之人，热心利禄，皆欲借报馆为终南捷径"，章士钊如此，于右任亦如此，攻击于右任曾在北京"献媚袁世凯赵秉钧，作种种丑态"，欲运动交通总长，故将同盟会之机关报办成了"袁世凯之辩护士"，已成报界之"妖孽"。

这场争论，其大背景是当时同盟会内部已经分裂为所谓的稳健派与激烈派。稳健派的代表是黄兴、宋教仁、于右任等人，其舆论阵地是《民立报》；激烈派的代表有戴季陶、田桐等人，其阵地有《民权报》《中华民报》等。稳健派认为袁世凯非不可为善，不必逼袁世凯为恶，其办法是实行政党内阁制，通过发展壮大同盟会（后来改组为国民党），通过国会选举，获得国会多数，架空袁世凯，使他成为一个"端拱画诺"的元首，由此将政治逐渐引导上轨道。而激烈派则认定袁世凯专断独行，为民主共和之最大隐患，且有帝制之心，不可能导他为善，要行民主政治必除此患。因由政略之歧，同盟会内部实际已经分裂。

在这种情况下，章士钊不得不离开《民立报》。他去向黄兴和于右任辞职。黄、于二人十分为难。不让章士钊辞职吧，党内同志喧闹不已，长久下去，必导致党的公开分裂。让章士钊辞职吧，当初章士钊入《民立报》时，曾与他们有约定，要保持言论的独立，现在章士钊以此辞职，有言而无信之嫌；且《民立报》在章士钊的主持下，很受社会的欢迎，当时社会有人这样评价《民立报》，"天下有视，视《民立报》；有听，听《民立报》"，放走这样的人才实在可惜。而时任《民立报》协理的吴忠信，更是极力挽留章士钊，乃至涕泣相阻。但章士钊去意已决，黄、于也只好让他辞职。

在被迫离开《民立报》后，章士钊很快就与王无生一起创办《独立周报》，公开打出"言论独立"的旗号。而且他在该刊上发表的文章不用"行严"之名，统统署名为"秋桐"，用他的话说就是"大书'秋桐'，以示无畏"。

为系统地回答激进分子对他的攻击，章士钊在《独立周报》第一期，就发表他给杨怀中写的一封信。这封信颇能反映章士钊的品格，著名记者黄远庸甚至说章士钊"有此文，他文皆可不作。末俗浇漓，惟此足以医之"。章士钊在信中说：第一，从事实来讲，留日期间，他立志走苦学救国之路，"绝口不谈政治"，由此，他既没有加入同盟会，也没有加入政闻社。他在《国风报》发表过一篇讨论翻译的论文，他并未隐瞒，相反在《民立报》上与人讨论翻译与逻辑时经常提到此文。这有案可查。第二，至于说他在英国留学并没有学到什么东西，这与他所持主张是否站得住脚，无丝毫关系，即便他未出国门一步，只要其言论言之成理、持之有据，为何不可以承认？第三，就他对于革命立宪两党的态度来说，他认为革命或者立宪，都是人们本着自己的认识，同为国家之进步奋斗，不应相互诽击。就他而言，他既不因自己曾经鼓吹过革命而自炫，也决不会因为现在梁氏受革命党人的攻击而否定自己过去与梁启超的交往，相反还要将这种交往"用力表出，以为反复小人激劝"。即便他曾经是保皇党，即便他曾经参加政闻社，也决不会因此在革命党人面前自惭形秽，而至不敢发表意见或批评革命党人。第四，让他痛心的并不是对他个人的攻击，而是一些革命党人的偏狭心态。民国建立后，立宪党向革命派表示他们与革命党宗旨相同，只是手段有差异，一些革命党人却并不买账，甚至认为革命成功是他们抛头颅洒热血而得来的，新国家应由革命党一家独占，立宪党人除了破坏、阻止革命外，没干过好事，无权参与新政权。他们还给章士钊加上一顶他们认为等同于"王八蛋"的立宪派的政治帽子，认为这足以使章士钊气短口噤，不敢再对民国政治说长道短。在这种气氛下，章士钊本着"吾舌可断，斯言不可毁也"的精神，指出："民国者，民国也；非革命党所得而私也。今人深体挽近国民权利，自有为于其国；宁有以非革命党之故，而受人非礼之诽击者！""且立国之业大矣，所有人才，奚必出于一途？以彼（指梁启超）之学之才，移为本邦建树之资；其所成就，将非余子可望。激急者必诽而去之，谅是悫与忌之两念驱之使为。"如革命党人的这种偏狭心态不除，而"妄挟一顺生逆死之见以倒行逆施"，那么将来中华民国必定会"汩灭于此辈骄横卑劣者之手"。有见于此，他才"愈不得不困心横虑"，消减革命党人的偏狭心理。他为梁启超说了几句公道话："夫梁君自丁酉以还，于举世醉梦之中，独为汝南晨鸡，叫唤不绝，亘十余年不休；一国迷妄，为彼扬声叫破者，岂在少量？此今日革命党扪心而自知者也。虽彼未尝躬亲革命之业，以致为激急者所借口；而平心论事，彼昔年开导社会之功，自有其独立自存之价值，无取与后来功罪相提并论。"

这封信的着力之点，并不是为他自己辩解，而是批评一些革命党人的偏狭心态。革命党人的这种偏狭心态，不只是表现在对待章士钊的态度，而是广泛表现在他们的言论与行为之中，尤其是表现在他们对待立宪派的态度上。当革命成功之时，革命派与立宪派曾有捐弃前嫌、携手建设民国的机会，但一些革命党人的偏狭态度把立宪派赶到了袁世凯那边去了。就其对革命人的偏狭心态的批评而言，这封信确是语重心长，很值得人们去读一读。

后来，章士钊发现王无生暗中接受袁世凯的津贴，到1913年2月，他"意兴索然"之余，就不再给《独立周报》写稿而脱离该报。

四、独立论政

无论是在《帝国日报》，还是在《民立报》，抑或在《独立周报》，章士钊始终力图效法英国政论名家艾迪生，以一个独立的政论家的姿态，秉持不偏不倚的态度，纯粹从学理上谈中国的政治问题。他的基本政治主张是前后一致的，即希望中国建立政党内阁制政府。

在清末，关于中国的政治体制，有三种方案：清政府的二元君主制，立宪派的虚君共和制，革命派的民主共和制。章士钊反对清政府的方案，但在立宪派与革命党之间，他保持中立。革命与立宪两派的分歧首先是在应否革命。在这个问题上，章士钊既不像立宪派那样坚决反对革命，也不像革命派那样主张不管清政府能否实行立宪都应革命。他一方面担心在列强虎视眈眈之下进行革命会招致列强的干涉，故不太赞成革命，而希望通过和平的手段实现中国政治体制的转型；另一方面，他又怀疑清政府的立宪诚意，因而在一些场合，他又肯定应当革命。在这里，他的理性与冷静，使他不想在革命与立宪之间做出选择，也使他在革命与立宪之间没有清晰的政治立场。他在应否革命问题上的困境，也是当时一些好学深思的人士的共同困惑。他的基本立场是：若能以和平手段实现政治体制的转型，那中国实行的自然是虚君共和制，在这种情况下，应当实行政党内阁制。若不得不通过革命确立宪政，那就实行民主共和制，在此情形下，也应实行政党内阁制，而不应实行总统制。

在民国建立之后，关于中国的政治体制问题，也存在着三个方案：内阁制，总统制，总统独裁制。章士钊则仍然坚持政党内阁，这与同盟会、国民党一致。在制宪问题上，他的诸多主张介于同盟会—国民党与共和党、民主党、进步党之间。

制定一部好宪法，确立良好的政制，是民初追求民主政治的人士的真诚追求。本来，南京临时参议院曾制定《中华民国临时约法》，参议院北迁后又制定《国会组织法》以及参议院、众议院议员选举法，应该说宪法的大体内容是齐备的。按理，可以在施行若干年、积累相当的经验后，经过相当时间的酝酿，从容制定一部正式的宪法，用不着亟亟制定一部完备的正式的宪法。但《约法》存在诸多问题，《约法》施行后，政局动荡，内阁更迭频繁，行政、立法关系紧张，固与民初各主要政治势力之间缺乏调和精神有关，也与约法在政制设计上存在的问题有关系。民初的主要政治势力均对约法不满，都要求制定新宪法。袁世凯一派攻击临时约法对于大总统限制过严，使袁大总统不能大展其雄才大略，为国为民谋福利，实乃"弱国宪法"，主张制定一部"强国宪法"。统一、共和、民主以及进步诸党，亦攻击《临时约法》不合理之处甚多，尤其是约法规定的总统任命国务员必须经参议院同意，以及总统不能解散参议院表示不满，主张重订宪法。而同盟会—国民党也希望制定新宪法，以进一步限制袁世凯。同时，时当革命之后，旧的政治权威被推翻，新的政治权威尚未确立，国内各派政治势力之间争斗不已，一些法律救国主义者希望有正式宪法能纳政治于正轨。于是，一时间，从速制定正式宪法、成立正式政府的呼声甚高，而关于宪法问题的讨论也十分热烈。各政党组织了政务研究会、宪法讨论会研讨宪法问题，国民、统一、共和、民主四党并且组织"四党宪法讨论会"，一些民间学会如法学会也组织宪法研讨会，稍具宪法学知识的人士则纷纷发表对于宪法问题的主张。随着宪法讨论的进行，各省都督也相继发表宪法主张，袁世凯身边的策士们也不甘寂寞，以各种渠道表示对于宪法问题的主张。一时间，宪法诸问题变为舆论关注的焦点。

当时关于制宪问题的争论，第一个问题是宪法起草机关问题。关于宪法如何制定，《临时约法》第五十三条规定："本约法施行后，限十个月内由临时大总统召集国会，其国会之组织及选举法，由参议院定之。"第五十四条规定："中华民国宪法由国会制定，宪法未施行以前，本约法之效力与宪法等。"这里，《约法》的规定略有不周密之处。因为国会如何组织，到底是采一院制还是两院制，如采两院制，两院权力如何分配本是宪法的内容。而《约法》一面规定宪法应由正式的国会制定，一面又规定国会组织法由参议院制定，也就是说宪法的一部分内容要由临时参议院来定。这显然矛盾。在南京临时参议院时期，参议院在讨论国会组织法和选举法大纲时，议员们就发现了这一点。临时参议院北迁后，继续讨论国会组织法及选举法大纲，议员们又发生争论：一些议员认为国会组织法与选举法根源于宪法，宪法不定，则国会无从出，国会组织法和选举法亦无从出，故主张先起草一宪法草案。但多数议员认为不能固执法理，根据现实情况，可以由参议院先定国会组织法，且参议院起草宪法草案，于法无据。于是，临时参议院陷入两难，一方面宪法由国会制定，不开国会，宪法无从产出；另一方面，国会如何组织又关涉宪法问题，没有相关的规定，国会又无法召开。最后，临时参议院决定据《临时约法》之规定由参议院制定国会组织法，但国会组织法势必涉及诸如院制、两院权限分配等一些本应属于宪法内容的问题，故参议院内对于国会组织法所可以确定的内容，一些议员仍心存疑虑。对于参议院的这一决定，章士钊提出，临时参议院乃立法机关，非造法机关，无权议决具有宪法意义的问题。

《临时约法》只笼统规定宪法由国会制定，而《国会组织法》则规定宪法之起草、议定之权皆由国会行之。这引起袁世凯一派势力的疑忌。大约在 1912 年 10 月下旬，受袁世凯的旨意，杨度等人在北京组织"宪法研究会"，随即又改名为"宪法起草预备会"。此后不久，南方的程德全、张謇、应德闳等也谋"为宪法研究之结集"。程德全对于宪法问题并无真知灼见，他发起这一活动，其中"跃跃欲试，为之主动者"就是章士钊。1912 年 11 月 22 日，程德全即据章士钊起草之稿致电大总统及各省都督，提出宪法由国会起草，"其弊甚大"，主张仿照美国制宪之例，由各省都督各推举"学高行修，识宏才俊"之士二人，在国会之外另组织宪法起草委员会。为使该起草委员会合法，他提出先由大总统向参议院提议修改《国会组织法》第二十条，通过宪法起草委员会法案，然后组织宪法起草委员会。程电发出后，云南、江西、广东、浙江等省都督首先响应，虽彼此主张不无异同，但对于另设起草机关，大都同意。其后，为扩大声势，袁世凯又通电各省都督要求就此问题"各抒己见"。响应者益众，先后通电表示赞同者有十七省都督，声势颇大。而在舆论界，则有梁启超、章士钊以及一些支持袁世凯的报纸为程德全等人的主张摇旗呐喊。而国民党一派的报刊则坚持宪法应由国会起草。由此 1913 年初出现了关于宪法起草机关问题的争论。

主张在国会外另设宪法起草机关者，其言论以章士钊和梁启超为代表，其主要理由是：第一，起草宪法需要特别的学识，国会议员虽不乏才识之士，但议员多来自田间，法律之学素未讲求，无起草宪法之才识；同时有宪法学修养、有实际政治经验、了解国情的人士，不必尽在国会之中。因此于国会外另设起草机关，可以网罗真正有识之士参与宪法起草。第二，宪法起草需要极冷静之头脑，而国会为党争旋涡，宪法由国会起草会导致激烈的党争，而致时日迁延，宪草难产，或者使宪法带有浓厚的党派气味，使国内主要政党之外的政治派别和政治力量不能接受宪草，导致将来宪法实行的障碍；或者会出现国会在制宪过程中一意扩充自己的权限，导致政制设计中立法、行政权力关系失衡，造成政制不良，危害将来政治之平稳开展。第三，宪法起草需要极专一之心志，而国会为普通立法机关，所涉立法范围过广，头脑易乱，心志不专，法律颇难入细；且普通立法机关之立法事务节节与行政相连，制宪过程易为政府之提案打断，难以专心议宪。第四，宪法起草人数不能太多，且须守机密，而国会人数太多，人多口杂，难守机密。第五，在国会外另立宪法起草机关，为美洲各国宪法起草之成例，其中尤以1787年的美国费城宪法会议为典型，中国宜取法美国之制。

反对于国会之外另立宪法起草机关的人士提出的主要理由是：第一，"政法学之通理，制定宪法之权，必归之国家主权者，而民主国之主权在国民全体，而议会者，又代表国民之机关也。故民国宪法必由国民代表机关之议会起草并议决之"。国会起草、制定宪法，有法理依据。第二，《临时约法》正是根据主权在民的原则，规定宪法由将来之国会制定。而此"制定"的含义实含有起草、议决之义，制者，起草之义，定者，议决之义。于国会外另设宪法起草机关，违背约法与《国会组织法》。第三，对怀疑国会起草宪法之合理性的种种说法，提出批评。他们指出，"选举与派遣，均有可以得人之希望，而不必其尽优。国会议员虽未必人人皆贤，然而多为一国之优秀者，固未尝无人焉出于其中，或不能如今日参议院之整齐者，即议员之额，或浮于国中人才之数，虽由他法以求之，其结果将无不同"。主张另设宪法起草机关者，于人民选举之国会议员则疑其偏于党见、短于才识，于都督、总统推举之人则信其具公正之心，信其学高行修、识宏才俊，此实不能成立。他们尖锐地指出，"今日之大患在优秀人物大半承苟且偷安之余习，而甘为权力金钱之奴隶，依附末光以遂其私愿，则为人所愚弄，而声光乃以坠，志行薄弱，不足以语成己成物，则指导国民之责，莫之谁属，而相率为愚民之计者，乃以日多，则宪法虽善，无救于亡矣"。对于由各方派遣所谓的优秀分子之依附权力金钱而为愚民之计的可能性甚为担心。

这种担心并非多余。第四，如果担心国会不必尽收天下人才于其中，事务烦琐，不能专心议宪，则国会完全可以另辟途径吸收各方优秀人士的意见，比如可以让各政党、各级议会、各法学会组织宪法草案预备会，网罗贤俊，于短时期内造成一有价值宪法之蓝本，交参议院及未来的国会作为参考，完全不必于国会外专设一宪草机关。总之，国会之外的势力，可以研究宪草，但决不能"攫取"国会之宪法起草权。

无论是主张国会起草者，还是主张在国会外另立宪法起草机关者，对于宪法最后由国会决定，彼此并无异议。争论之起，实与民初政情有不可分离之关系。一国宪法，本质上是一定国家内占优势地位的社会政治势力的意志的反映。为着宪法能为社会内不同的政治势力接受，宪法应尽可能反映不同社会政治势力的意见、利益。否则，宪法不可能长久。

民初制宪，存在一个重大问题：议会主要由追求民主政治的新式政治精英组成，而袁世凯为首的军阀势力虽掌握国家大部分的军政实权，但在议会内势力较弱。而照《临时约法》的规定，宪法由国会制定，这在一定程度上造成了占优势地位的政治势力不能直接参与制宪的问题。袁世凯对于国会制宪可能出现的结果，有比较清楚的估计。《申报》即说："自政府一面言之，则以为国民党占多数于国会，若以国会起草、制定宪法，则必从国民党之所希望以创立宪案，以力杀中央政府之权力为宗旨，不待言矣。中央政府虑之也切，其所谓选学识丰富之士，澄静以调查起草云云，苦心预防者也。"而章士钊、梁启超等人也担心完全将袁世凯一派势力排除在制宪之外可能会产生十分严重的后果。章士钊晚年回忆此事：民国元年冬，他赴北京，道经天津，"一夕访梁启超于《庸言》报馆，值熊希龄、杨度在座。启超怼曰：'国民党锐意起内阁制扼袁世凯，而手控宪法起草权，张弛惟意，世凯恨焉。吾党诚不知何道之从，君其无意解斯厄乎。'"章士钊遂提出可以参考美国费城制宪会议之例，宪法起草与宪法议决分行。

此一主张为梁启超接纳，梁启超此后即为文主张专设宪法起草机关。章士钊、梁启超等人提出于国会外另立起草机关，网罗各方优秀人士起草宪法，最后由国会议定，主观的意图是，一方面不违背约法关于宪法由国会制定的规定，另一方面又能给袁世凯一派势力直接参与制宪的机会，以使宪法能顺利产生并为各方所接受，以解宪法制定与占优势地位的政治力量相脱离的困厄。

应该说，章士钊等人的主观意图不错，也有学理的依据和实际成例可循。以前的论著对他们的这一主张持否定意见的较多，甚至说他们提出此主张是刻意迎合袁世凯。其实他们的主张自有其存立的价值，而说他们迎合袁世凯，也似乎证据不足。国民党及其占多数的临时参议院和国会试图将袁世凯一派势力完全排除在宪法制定过程之外，并不十分妥当。专设宪草机关的主张实际发自章士钊，而章士钊比较强调中国移植民主之客观条件不成熟，需要政治精英的"匠心"，也就是政治精英的理性的作用。他提出专设宪草机关，除调和袁派势力和国民党在宪法问题上的冲突外，另一层用心"在搜集国中才智之士，以不偏不倚之论调，为根本法造一间架"，希望这些精英排除党派偏见，以不偏不倚之心，从学理与国情两方面考量，起草一良好宪法。但实际上，这些精英能否排除党派偏见，能否排除外界的种种诱惑、干扰，真正以大公无私之心起草宪法，是不无疑问的。即便他们能壹秉公心，起草一部既合学理又符合中国实情的宪法草案，这个草案能否为各方接受，在当时的情况下，也很成问题。因为宪法问题上在学理上本有种种的主张，而对于国情的认识，更是仁者见仁智者见智，难有一致的认识，更何况国内的主要政治实力派即袁世凯一派力量，所希望的宪法与民主力量所期望的宪法有着重大的差距。因此，要使专家起草的宪法能在国会通过，并得到各派政治势力的认同而能够实行，就要求国内各主要政治势力具有妥协的精神，具有服从法律的诚心。

专家起草、国会议定的制宪主张，由袁世凯操作起来，完全背离了梁启超、章士钊等人的主观设计。袁世凯是一个智识"不能与新社会相接"，"公心太少而自扶植势力之意太多"，且精于权术的人物。所谓于国会外另设宪草机关的主张，由袁世凯实行起来，就变成违背法律的蛮干。按理，在国会之外另设宪草机关，应先咨请参议院修改《国会组织法》，并决定该起草机关的组织办法，然后组织宪法起草机关。而袁世凯在尚未咨请参议院修改《国会组织法》之前，就组织所谓"宪法起草委员会"，根本违法。且该委员会之组织办法与人选也未经参议院议决，其人选中多为总统府、国务院、各省都督派遣之人，甚至总统府、国务院秘书亦侧身其中。袁世凯又于1913年1月下旬拟定大纲八条，预设宪法草案的基本原则，要求该起草委员会遵循。这种做法，完全违背章士钊的主观设计，因此，当该"宪法起草委员会"成立并邀章士钊参加时，章士钊明确表示该委员会"偏党之嫌过甚"，不愿参与。由于遭到各方反对，在国会外另设起草机关的主张被参议院否决，宪法仍由国会起草。

民初关于宪法问题的争论中，主权、国民与民权问题也是争论的核心问题之一。《临时约法》第二条规定"中华民国之主权属于国民全体"，第四条又规定"中华民国以参议院、临时大总统、国务员、法院行使其统治权"。这两条规定起初并未引起学者们的讨论。到1912年9月，也就是在临时参议院通过《国会组织法》和参众两院议员选举法，议员选举即将进行，制宪问题逐渐引起舆论关注的时候，章士钊主办的《独立周报》甫一发刊，就在第一期发表卢尚同的《临时约法驳议》、朱芰裳的《国家主权论》以及章士钊的《约法与统治权》三篇文章，对于临时约法第二条、第四条的规定提出批评，认为约法第二条规定主权属于国民全体不当，第四条所说之统治权就是主权，约法将统治权分配于四机关，割裂不可分之主权，违背法理。

这三篇文章发表后，引发理论界对主权问题的热烈讨论，"主权之说，腾于谈士，……极攻守之殊观，建论坛之宏标"。这场争论，从根本上讲，就是两个问题，一是国家与个人自由权利的关系问题，另一是国会与政府的关系问题，而落实到现实政治中，也就是具体的政治制度安排问题。

当时宪法问题争论的核心问题，实质是政制究竟取内阁制还是取总统制，内阁制下国会与行政之间权力究竟如何分配，关于宪法起草机关、关于主权问题的争论，根本还是落实到这一点。民初思想界关于政制安排的争论，虽一度有总统制和内阁制的争论，但并非主流。其时，由原立宪派改组而来的统一、共和、民主以及进步党，也基本上主张内阁制，他们希望通过内阁制参与政权，并逐渐带领袁世凯上轨道，同盟会—国民党一派则希望通过政党内阁制，掌握实际权力，架空袁世凯。追求民主政治的新式政治精英对于政制取内阁制，意见比较一致。争论的焦点是，内阁制下总统与国会的权力关系问题。当南北议和即将告成，孙中山依议将让位袁世凯，为限制袁世凯的权力，参议院改原定的总统制为内阁制，且其中不少规定有违内阁制的精神，比如规定总统任命国务员须经参议院同意，规定参议院对国务员的弹劾权（约法将弹劾与不信任投票混为一谈）而没有规定总统解散参议院之权等，试图将政府置于议会的严密监督之下，以防止袁世凯专权。照黄远庸的分析，临时参议院内有不少议员是法律万能派，"以为法律万能，但能不全本抄录外国之法科全书，吾国便不难立时变成黄金世界"，而袁世凯则是"遁甲术专门之袁总统"，临时约法为他设置了种种限制，但他总有办法逃避此等限制。《临时约法》规定的是责任内阁制，但在袁世凯任总统时期，所谓责任内阁制，在实行中其实已变成"总统制"。袁世凯破坏内阁制，固违背约法，但民初政局的动荡，与《临时约法》在政制设计上过于强调国会的权力，亦不无关系。

当宪法问题成为舆论焦点时，内阁制下总统任命国务员是否经过国会同意（所谓同意权问题），当国会对内阁通过不信任案时，总统是否有解散国会，重新召集国会的权力（所谓解散权）的问题，成为政制安排问题的焦点。国民党认为主权在民，国会为国民全体之代表，故应有大权，政制当取"国会政府主义"，大权集中于国会，行政只能为国会之附属物，坚持《临时约法》关于同意权、解散权的规定合理，新的宪法应当继续保持。进步党一派主张遵循内阁制的精神，反对国会一权独大，主张保持行政权力的敏活，认为既行内阁制，则多数党组阁，国务员之任命即不必经国会同意；当国会不信任内阁时，总统应有解散国会之权。他们认为，国会为"制动机"，其功能在防止政府为恶，而政府则为"发动机"，其功能在积极地谋求国家之福利。中国现时危机不断，需要积极有为的行政权力，而非只能充当清谈馆的国会，批评国民党过分强调国会的权力，"防政府如盗贼，而畜政府如犬马"，视政府若虎兕，"必柙之而后能安"，是"幼稚之民权论"，违背了立宪政府之常规，也不符合中国当前的现实需要。

在关于内阁制问题的争论中，章士钊的主张与原立宪派比较接近。还在主笔《民立报》时期，章士钊即公开在报上批评《临时约法》关于同意权、解散权的规定，违背政制的常规。到《独立周报》时期，他依然坚持这种看法。

大体看来，他一直力图保持独立的姿态、以理性的态度来讨论中国的政治问题。

与他的独立态度相关联的是他的朴实说理的文风。这种文风开启了中国政论文学的新时期。

1905 年到 1915 年，是中国政论文发达的时期，章士钊为此期中国政论文学的代表之一。1905 年到 1906 年间，《民报》与《新民丛报》就革命与立宪展开了大论战，此次论战，不仅影响此后中国政局，而且也推动了中国政论文学的发展。但论战双方有太浓的党派气味，文章往往感情有余而学理不足，能服人之口而不能服人之心。随着政论文学的发展，随着知识分子分析判断能力的提高，梁启超那种"感情"的文章就过时了，"帖括式的条理不能不让位给法律的理论了；笔锋的感情不能不让位给纸背的学理了"。章士钊出自桐城派，有着深厚的文学功力；又专门研究过语法，所以行文相当谨严；他又对逻辑有很深的造诣，立论往往采取演绎推理的办法，"如剥蕉然，剥至终层将有所见也"，这使他的文章很具逻辑性，能鞭辟入里，令人信服；而法律与政治学则是他的专业，所以他的政论，有充足的学理作依据；同时他行文时又"极力自镇"，克制个人感情，力图超脱党派意气，而以严格理性的态度来说明问题，确实保持了言论独立的立场；所以他的政论"又严正，又幽默，又深刻，又公允"，很能得到一些好学深思的知识分子的认同，"其文遂深入人心，为人人所爱诵"。章士钊因此成了中国以学理谈政治的第一人，并影响李大钊、高一涵、李剑农等人，形成了以后的"甲寅派的逻辑文"。这种文体一洗八股文的生硬僵死、陈腐空泛，除却教条就别无东西的陈旧文风，也否定了当时那种党派臭味浓烈、好持绝对之论、学理不足以服人就进行人身攻击的论战文风，尤其是一些歪曲革命，把粗暴武断、空言激烈、恐吓辱骂、简单化、绝对化视为革命的革命党人的文风。章士钊明确反对那种气盛理枯，词盛意索，感情横决，大言烈烈的文风；对当时一些报刊，不能提出正大有据之主张，而以攻击异己者之私行代替正当的讨论，"每以讦人阴私为能"，"寻垢索瘢，偶一得之，至少以供十余日之材料，市井无赖之口吻，不难于数百字论文之中，尽力堆砌"的做法，深感痛心。后来他办《甲寅》月刊时，更以"朴实说理"相号召。

　　章士钊倡导的这种文风与学风，对于提高民众的识别判断能力，形成健康的社会舆论，对于确立与巩固民主制度，乃至构筑一个民主自由的社会，都是极其重要的。他这样做，是有意识提倡一种思维方式与行为方式。关于章士钊的文风，前人已多有论述，这里再举一个例子。

《临时约法》公布后，一些主张总统制的人，因不满《临时约法》所规定的责任内阁制，而号召人们否认《临时约法》。1912年3月26日的《大共和日报》就声称："国民为共和国主人有主权者，议员为都督府差官之无主权者，故国民对于临时参议院之《临时约法》有不承认之权。"这是当时否定《临时约法》的言论的代表，很能迷惑一般读者。《临时约法》刚一公布，章士钊就指出《临时约法》有许多不完善之处。但他不同意否认《临时约法》的主张，不过他不是对《大共和日报》的主张谩骂一通了事，而是严格地从法理的角度进行分析。他首先指出，《大共和日报》称，临时参议院的议员是"都督府差官"，语意暧昧。临时参议员是都督府自行潜派之差官？还是国民假都督府之手所派之差官？如为前者，则国民不当让参议院有行使国民代表权力之事（比如选举总统之类）；如为后者，则参议院已具代表国民之实，国民不得复从其后踣之。其次，他指出，《大共和日报》有前述主张，是因为作者不明政治上之主权与法律上之主权的区别。所谓政治上之主权与法律上之主权，并不是将至高无上、不可分割的主权一分为二，一半以与政治，一半以与法律，而是指同一主权，可以从政治与法律两方面分别观察。从政治上看，国民为主权的本体。从法律上看，国会为人民之代表，人民将主权交付给代表，凡国会所通过之法案，有通行于全国之效力，此谓法律上之主权。倘国会通过之法案，不符合人民之意，国民可以收回主权，但只能在大选时方可，而不能诉诸法庭，因此国民收回主权之手续具政治性质，而不是法律问题，因此称为政治上之主权。政治上之主权与法律上之主权不能同时起作用，当国会行使其职权，有所决议时，人民不得起而反抗，称国会的决议为非法；而政治上之主权只有在国会选举时才起作用，人民可以通过选举改变国会的构成，从而达到否定前一届国会所作出的不符合国民意志的决议的目的。如果政治上之主权与法律上之主权同时发生作用，那代议制国家的政治生活简直就无法进行。因此中华国民不能否认《临时约法》。其三，《大共和日报》称，如临时参议院制定的《约法》"尚属可行"，那么"其制定手续虽不适法，国民亦可宥其越权之罪，委曲承认"。章士钊尖锐地指出，"东方人法制与伦理之界线本不分明，斯言其代表也"。他认为，如临时参议院是一个合法的立法机关，其制定的法律再坏，也得先承认，而后促其修改；如它不是合法的立法机关，其所定之法再好也不能承认，强调要将中华民国建立在法律之上就必须排除以伦理来论政治与法律的毛病。最后，他指出，拥护临时约法，并不是说它就是一部完美的法律，对于它的不当之处，人民可以批评，可以促议会反省、修改；"与天下共弃之"的说法，不应当出于主持舆论者之口，这种快意于口，于善后之道不计的文风，应当摈弃。

这种分析，远比强词夺理的"批判"或人身攻击，更有说服力。在论述有关问题的同时，也向读者介绍了相关的理论，给了读者评判问题的武器。所以他的政论文章和他不尚依傍、不偏不倚的风格，很受好学深思之士的欢迎。当时还在北洋政法学堂学习的李大钊就十分喜欢读章士钊的《独立周报》，并且以个人的名义，而不是以书局、书店的名义，担任《独立周报》在天津地区的发行代理。梁漱溟先生晚年曾谈及他在早年时所受章士钊的影响，说他非常喜欢章士钊独立不羁的性格。张申甫先生晚年也说："到了1912 年民国建立以后，行严先生被邀进报馆（指《民立报》）作主笔，他写的那些精辟绝伦的社论，我篇篇必读，尤其是鼓吹逻辑的，更给了我极深的印象。……不久行严先生就脱离《民立报》了……接着就自办了《独立周报》，明白公开地表示出了自己的信念旨趣。此刊我当然是每期必读的。"

五、关注言论出版自由与人身自由

自章士钊留学英国，接受自由主义之后，就一直十分关注个人自由权利。他在民初就言论出版自由、人身自由问题，发表了大量的论文。

言论与出版自由属于表达自由，是一项基本的人权，是保障思想、信仰自由的基本手段，也是一个民主自由的社会得以形成、存在、发展的必要条件。对表达自由的限制有事前限制与事后制裁两种。事前限制又称预防制，此制下，凡演说、出版等表达手段均须在事前受国家机关（主要是军警机关）的检查，或向军警机关取得特许或缴纳保证金，因此，这种制度又称警治制。事后制裁又称追惩制，这种制度下，任何言论与出版等不是在事前受检查，或取得特许，或缴纳保证金，而是在表达者违法后，由法庭依法处理，这种制度又称法治制。英国自1694年废除出版与发行检查后，除戏剧演出、电影外，基本实行事后限制制，章士钊十分推崇此制。

清末民初，中国曾出现一系列管制新闻出版的法律，如：宣统二年颁布的《大清报律》，南京临时政府内务部1912年3月颁布的《民国暂行报律》，袁世凯政府于1914年4月颁布的《报纸条例》，1914年12月颁布的《出版法》，等等。这些法律、条例，对出版均取事前限制制。比如，《大清报律》规定，出版必须取得许可，必须缴纳保证金，必须经过国家机关的检查。《民国暂行报律》则取消了检查制与保证金制，但仍规定出版必须取得许可；袁世凯政府的《报纸条例》，比较《大清报律》，对出版的限制要更为周密、严格，并且突出军警的作用。

对上述法律，章士钊都再三撰文批判，阐明他对思想言论自由的认识，宣传思想言论自由的观念。他说，根据"人非违法不得受罚"的原则，人们的言论出版在其违法之前，不得受任何限制。任何对言论出版实行事前限制的法律，都是铲除言论自由的大刀阔斧，都应烧之。他说，所有对言论出版实行事前限制的法律，都是在人们尚未违法时，就假定人们将要违法，而对他们进行限制。这简直把所有的国民都当成强盗土匪，看作猪狗，而不是把他们看作一群正常的、有理性的人。

他特别强调，言论出版自由是私权而非公权，人们有言论出版自由，就像人们有通信自由，有说话的自由一样。为此，他做了一些比喻：

假如，有人想给他的朋友写信，不用说，这是他不可剥夺的自由权利。由此往前推，假如，他想把他写给朋友的信，印刷发行出来，给公众看，这也是他的自由。再往前推，假设，这个人，每天都想给他的朋友写信，并且每天都想把他写的信刊行出无数张来，给公众阅读，不用说，这也是他的不可剥夺的自由。前者就是通信自由，后者就是出版自由。

又假如，某甲想就某事对某乙发表意见，某乙想就某事向某丙发表看法，这也是他们的自由，都不用国家机关的特许、检查，也不必向国家机关缴纳保证金。由此往前推，假设某甲想在某地向某乙发表意见，某乙想在某地向某丙及某丁发表意见，某甲和某乙想同时在某地向某丙以及某丁发表意见，不用说，这也不用国家机关的特许或检查，不用缴纳保证金。前者是言论自由，后者是集会自由。同理假设，某甲以及某乙想向某丙、某丁、某戊、某己乃至千万人日日同在某地发言，日日同在某地刊行其言论以至千百万张，这也是他们的自由，这就是出版自由。所有这些，都是人们私事，政府无权进行事前限制。假如，有法律赋予政府对这类事情进行事前限制，那么政府就有权要求人们每说一句话，每写一封信，都得经过政府的特许，都得向政府缴纳保证金，或者经过政府的检查。根据这样的逻辑，政府也可以对人们的性生活进行事前限制。假如政府颁布法律，要限制人们的性生活，那么，人们在进行性生活之前，就必须向国家机关取得特许，同时向国家机关缴纳保证金，以便一旦他们的性生活违法时，国家机关就可以将这笔保证金没收，以示惩罚；性生活之后，必须向国家机关报告性生活的内容与经过，以便国家检查他们的性生活是否违背国家的法律。这简直是岂有此理！真正是岂有此理！

人身自由是一项最基本的人权，公民的人身自由得不到保障，就谈不到人的尊严以及民主权利的行使。

1912 年 3 月 11 日，由孙中山以临时大总统名义公布的《中华民国临时约法》，在中国历史上，第一次明白无误地以国家根本法的形式宣布人民享有人身自由权。其中规定"人民之身体非依法律不得逮捕、拘禁、审问、处罚"，同时规定，人民的人身权利和其他自由权，"有认为增进公益，维持治安，或非常紧急必要时，得依法律限制之"。

对《临时约法》有关人身自由问题的规定中，章士钊提出了严厉批判。他说，一部完善的宪法，其涉及人民自由权利，应有三方面的内容，即划定自由范围；保证自由；遇紧急时限制自由。而《临时约法》却只划定自由的范围以及紧急状态之下对自由的限制，独没有保障自由的办法，对于非法侵害人民自由权利没有规定制裁方法，它所规定的人民的自由权利只是"猫口之鼠之自由"，国家机关可以予取予夺，没有实际意义。他说，英国的"出廷状"（Writ of Habeas Corpus）制度是对非法侵犯人身自由事件进行救济的好办法。英国自从有了这个制度，人身自由就得到很好的保护，法官不敢徇私枉法，行政人员不敢随意以行政理由拘留公民，有权有势的人也不敢随意压迫他们的下属，工厂的厂主与工头，不敢拘留工人，家长也不敢随意关自己子侄的禁闭。

所谓出廷状，就是人身保护令，它起源于英国。它规定：一旦发生非法逮捕拘禁事件，受害人或其亲友可以向法庭提出申请，申明某人遭非法逮捕，请求出廷状（法庭不得拒绝），即要求法庭予以提审。令状由法庭签发后，可指交任何被认为是非法捕人者，马上将被捕人完好无损地送交法庭审理，违抗者即以蔑视法庭之罪论。被捕者经法庭提到后，法庭首先审查逮捕是否非法。如果是，则捕人者就会受到处罚，而被捕者则被立即无罪释放；如系合法，被捕者确实有罪，即由法庭迅速科以刑罚。这种可使任何被捕者都能迅速接受法庭审判，避免长期无辜羁押，而滥行逮捕的人也会受到应有的处罚。此为人身保护之利器。

　　章士钊是第一个在中国宣传并大力鼓吹"出廷状"的人。当张振武、方维案发后，他又借机鼓吹出廷状的必要。说正因为《临时约法》没有这样的规定，所以，人们对袁世凯、黎元洪杀害张、方之类的事件，虽然可以在道义上对他们的行为大加声讨，但是在法律上对他们却毫无办法。为防止类似事件的再次发生，应当尽快引进出廷状制度。

六、政党内阁与毁党造党

　　自他在《帝国日报》上撰写社论起，一直到《独立周报》，章士钊关注的主要问题是，中国应当建立怎样的政治体制，这也是当时中国思想界关注的焦点。章士钊对英国的政党内阁制大为倾倒，希望将政党内阁制移植到中国。

　　他主张政党内阁制的理由是，只有实行政党内阁制，才可以建立起议会与政府协调一致的"强有力政府"。他认为，总统制之下，作为立法机构的议会与以总统为首的政府分裂为二，它们均对国民负责，一旦两者发生冲突，政府不能解散议会，议会也无法迫使总统辞职，问题的解决只有等到下次总统选举或者议会选举，而在此期间，冲突无法得到解决。这种政府是弱政府。中国需要强有力之政府来迅速挽救民族危机，统一国家，领导国家的现代化。而政党内阁制符合需要，在政党内阁制之下，内阁由议会中的多数党组织，内阁的政策能够很快得到议会的同意，政府能贯彻自己的意图。这样的政府就是能贯彻自己意图的强有力之政府。而且内阁制要比总统制灵活，不会出现大的政治危机。一旦国会内党派变动，内阁的政策得不到议会的同意，要么议会要求内阁辞职，要么就是内阁要求解散议会，召集新的议会，寻求新议会通过自己的政策。如果新的议会不通过自己的政策，则内阁就辞职。

其实，总统制与内阁制各有优劣。章士钊坚持政党内阁制，是希望借助强有力的政府来拯救中国的民族危机，从速实现国家的富强。民族的生存，国家的富强，是他选择政治制度的首要考虑。这种倾向在近代许多的知识分子中十分普遍。

要使政党内阁成为强有力政府，必须有成熟的政党，而且最好是两党制，而不是多党制。但当时的中国，政党多如牛毛，而且政党和政党之间，党纲雷同；其中不少政党，乃投机政客借以沽名钓誉、为一己谋私利的工具。这些政党往往是三五个政客，眼见政党很时髦，于是就聚合起来开一个会，然后发一个宣言，列上几位所谓的名流，或者有权有势的官僚，或者领兵的军官作为发起人，宣布他们成立了一个政党。其党纲大多是"巩固共和""巩固国权""整理财政""振兴实业""开发边疆"等，但大多是门面语。不少人不明政党的真义，或把它当作古代的朋党，对它敬而远之；或者把它当作时髦来追逐；或者把它当作联络感情的俱乐部。再加上多数政党之间的党纲差别不大，出现严重的跨党现象，一些名流往往身兼数党的发起人。即便比较正规而且有影响的大党，如共和党、同盟会等，其许多党员也缺乏政党政治的基本常识，对敌党的主张往往一笔抹杀，唯有己党的主张才正确，别的政党的主张都要不得。

为改变这种情形，组织起他理想中的政党，造就他期望的"强有力政府"即两党制之下的政党内阁制政府，章士钊一面大力宣传政党政治的基本常识，一面提出轰动一时的毁党造党论。

综观章士钊对于政党问题的论述，他认为，政党应当具有以下几个特点：

第一，政党应当是在宪法范围内公开活动的政治团体。这包含两点，其一，政党应在宪法范围内活动，不得超越宪法，不得以变更国家根本制度为目的。其二，政党必须公开活动。以推翻现存国家根本制度为目的，从事秘密活动的革命党，不是严格意义上的政党。若以推翻现存国家根本制度的革命党也公开活动，并进入国会，则国家政治生活必混乱不堪。

第二，政党必有与别的政党不同的政纲。若政党政纲相同，或者大同小异，政争必走入歧途。因为政纲是一个党的旗帜，若政纲相同，则政党无法召集党员，由此则跨党、脱党之事必层出不穷，党的队伍不可能稳定。政纲相同，则选民无法在政党之间进行选择，党争必由政策之争，变成对他党党员、党魁的人身攻击，必然会借助贿赂、强迫、暴力等不正当的手段来争取选票。

第三，政党的政纲必须针对实际的政治问题，提出具体的政策，不能是笼统的口号。比如说，不能笼统地以"整理财政"作为自己的政纲，而必须提出比如自由贸易、贸易保护主义等具体整理财政的政策。这样，选民才知道一个政党的实际主张，也才能判断该党是否代表自己的利益，从而做出选择。

第四，政党必须自己图谋实现自己的政策主张，不能借别的力量实现自己的主张。政党图谋实现自己的政策主张的途径就是进入议会，并且在议会中获得多数；获得议会多数的途径就是通过自己的报刊等媒体或者下选区宣传自己的政策主张，争取选民支持，不能在正常的选举活动之外谋求实现自己的政策主张。

第五，政党不单行。政党必须要有自己的对立面，必须有与自己主张不一样的政党，这样国民才有比较、选择的余地。

第六，政党要有党德，须"听反对党意见之流行"。只有听反对党意见之流行，才可能让国民的意见得到充分的表现，政争才可能平稳有序：当政争之时，政党才有可能将主要力量放在宣传自己的主张以争取国民支持之上，而不是将主要力量放在非正常的方法上；选举获胜的政党，才不敢任意恣为，而会勤勤恳恳，再接再厉，以图在下一次选举中，再次获胜；

选举失败的政党则有机会再振旗鼓，重新投入下一轮选举活动，以争取国民多数之支持，从而实施自己的政策主张，而不至于走向极端。章士钊对这一点尤为强调，认为这是民主政治的基本条件，也是实现民主政治的必由之路。

中国当时的政党还很不成熟，党派林立，离两党制还很遥远。为此，章士钊提出震动一时的毁党造党论。他认为，实行政党内阁制，最好是国内只有两大政党，这样政党内阁才能是强有力之政府，为尽快从众多的政纲大同小异的政党中造就出两个政纲正相反对的政党，使中国走上政党政治的正轨，须先将现有的所有政党全部解散。然后组织各党各派的领袖、各界知名人士以及专家学者，集聚一团，开一个"政见商榷会"，与会各人都摒弃自己现有的政治主张，纯秉理性来讨论中国的大政方针。这个会至少要开半年，甚至开一年。经过认真讨论后，与会人员对诸重大问题，就会大体分作正反两派。然后，这两派人再以商讨出来的意见作为政纲，来召集党员，组织新的政党。他认为，这样很快就可形成两大政党。

一国政党制度的形成，是各阶级阶层力量经过长期的现实的政治活动而逐步形成的。政党出现之初，党派林立乃其常见现象，不可能一开始就出现成熟的两大政党对峙的局面。内阁制发展为政党内阁，需要相当时期的演变。民国初年，中国各政党尚不成熟，内阁制不可能立刻变成政党内阁，内阁制变成政党内阁，有赖于较长时间的稳定的、和平的政治环境，在此环境下逐步培育各派政治势力的民主政治的基本信条。而章士钊为着尽快实行政党内阁，乃将政党之结合看作捏泥巴团，将原来形状各异、大小不同的泥巴团全都打碎，再加点水或者泥土调和调和，就可以照自己的设计再捏出新的泥巴团来。书生气过浓。政治生活绝不是书生在书斋里的讨论，它牵涉了太多的现实利益、太多的历史恩怨。他的方案，在盘根错节的现实利益和历史恩怨面前，难以行通，故一经提出，就被目为奇谈怪论。

其实，毁党造党论只是以一种特别的方式反映了这样一个问题：中国当时还没有实行政党政治的成熟条件，如果要实行政党政治的话，精英分子必须要付出巨大的主观努力，以弥补客观条件的不足。

七、"竟将博道宏京意，化作金戈玉马音"——与袁世凯的关系

1912年9月，为调和国民党与北洋军阀的矛盾，黄兴应袁世凯之邀北上。此前，孙中山已经到北京。黄兴北上之时，邀章士钊随他一起去京。当时，章士钊正受革命党激进分子的攻击，困于群疑罪谤之中，正想离开上海，到北京去看一看形势如何。

北上途中在天津停留时，章士钊曾到《庸言》报馆拜访梁启超，时熊希龄、杨度在座。言谈间，论及制宪问题，章士钊提出可以照美国之例，在国会外另成立宪法起草机关。

章士钊到北京之后，袁世凯就对他百般笼络。章士钊那时是蜚声南北的政论家，其关于宪法问题的诸多议论中，政党内阁论虽不合袁世凯的心意，但他主张在国会外另设起草机关，反对国会有对于总统任命国务员之同意权，认为总统应当有解散国会之权等意见，颇对袁世凯的胃口。而章士钊新近受到革命党激进分子的排击，正是拉拢他的好机会。袁世凯想拉拢章士钊为他做宪法问题的顾问。袁首先要杨度、孙毓筠去找章士钊，说袁大总统十分看重他的才学，想约他见见面；又说，袁总统以前就曾派人到上海去请过你，这次你到北京来，要不去晋见，那就失礼了。于是，章士钊就随他们去见袁世凯。见面之后，袁世凯玩起笼络人才的手段，一则说章士钊才学如何高，他早就想见这位高士，今日得见，果然非同凡响；二则说革命党人如何不晓事理，对章士钊这样的法学大家居然那样排击，实在可恶。说得章士钊飘飘然，以为今日终于遇到知己。

袁世凯又拿出项城袁家与吴弱男一家的关系来拉拢章士钊，说："你和我一家人，凡事不必客气，有事尽管开口。"项城袁家与庐江吴家确是世交。袁世凯出身于河南项城一个官宦之家，其祖辈父辈中有多人出任清廷的要职。袁世凯的祖父是袁树三、生父是袁保中，后来因叔叔袁保庆无子，就被过继给袁保庆。当太平军、捻军兴起之时，袁世凯的祖辈、父辈纷纷组织地主团练，镇压起义军，以博取功名。其时，吴弱男的曾祖吴廷襄是庐江的地主团练头子。有一年，庐江遭太平军围困，吴廷襄派其子吴长庆（吴弱男的祖父）到宿州向驻扎在那里的袁甲三（袁世凯的叔祖）求救。袁甲三举棋不定，乃向身旁的各子侄征求意见。其侄子袁保庆以"绅士力薄，孤城垂危"，极力主张派兵驰援；袁保恒则以"地当强敌，兵不能分"，极力反对派兵救援，两人各执己见，相持不下，拖延多日，最后，庐江被太平军攻克，吴廷襄被杀。自此以后，吴长庆与袁保庆结为兄弟，而与袁保恒绝交。袁世凯少不喜文，而好谈兵。几番科场失意后，他于1881年带领一班家仆，投奔当时已是淮军大将的吴长庆。由于袁世凯是袁保庆的嗣子，所以吴长庆对他十分关照。袁世凯善于钻营，在吴长庆面前，表现得十分恭顺，又时作忧国忧时状，发慷慨激昂之论，更深得吴长庆的好感，吴长庆对他提携有加。可以说，袁世凯仕途发迹得益于吴长庆甚多。袁世凯发迹后，对庐江吴家也不忘旧恩，对吴保初的生活也时予接济，吴弱男也一直称袁世凯为"四伯父"。

为拉拢章士钊，袁世凯费了不少心机。他把章士钊安置在锡拉胡同，对章士钊优礼有加，"欲总长，总长之；欲公使，公使之；舍广狭惟择，财计支用无限"。那时，吴保初病重，袁世凯就两次寄赠巨款。为让章士钊安心在自己身边效力，袁世凯要他把吴弱男接到北京。章士钊发电报要吴弱男北上。吴弱男得信后，对章士钊依傍袁世凯不满，又是写信，又是发电报，说男子汉大丈夫当独立自主，靠裙带关系当官，实是耻辱，要章士钊马上回上海。袁世凯又亲自写信给吴弱男，邀她北上。吴弱男回信称，"四伯父宜爱人以德"，拒绝了他的邀请。

和袁世凯接触日久，章士钊发现袁世凯的专制集权野心，不愿继续留在袁世凯身边，但袁世凯对他礼遇隆重，他一时又找不到借口离开袁世凯。终于，机会来了。

1913年3月20日，宋教仁在上海车站遭人暗杀。宋临死前，托黄兴给袁世凯发了一封电报，报告被刺经过。电报说："窃思仁受任以来，即束身自爱，虽寡过之未获，从未结怨于私人。清政不良，起任改革，亦重人道，守公理，不敢有丝毫权利之见存。今国本不固，民福不增，遽尔撒手，死有余恨。伏冀大总统开诚心，布公道，竭力保障民权，俾国家得确定不拔之宪法，则虽死之日，犹生之年。临死哀言，尚祈鉴纳。"

电报到总统府时，章士钊正与袁世凯共进晚餐，一起进餐的还有杨度、张一麐等。袁世凯看过电报后，传示众人，摇头叹息道："鸟之将死，其鸣也哀，人之将死，其言也善。遁初（宋教仁字遁初）可惜，若早能如此，怎会有此下场。"饭了，入旁室闲聊，中心话题为宋案。袁世凯身穿黑绒长袍，其长过膝。面前桌案上放着精美的器具，里盛鹿茸片。袁言："且谈且检食。额多汗，时以毛巾揩拭。两目有光如电，时奔射人。"言谈间，袁世凯竟说，宋教仁是黄兴派人刺杀的，理由是黄、宋二人为争内阁总理闹得很不愉快。听到袁世凯这么一说，章士钊十分气愤，即拂袖而去。此后，章士钊从所住锡拉胡同孙毓筠处简单收拾行李，提着皮包，悄悄离开北京，奔赴上海，离开袁世凯。若非他当机立断，脱离袁世凯，章士钊或许就成了"杨度第二"。论及章士钊的这一行为，章太炎说，章士钊的妻子一家与袁世凯有旧，而章士钊"夫妇相誓不受暴人羁縻，余以为难能也"，允为公正之言。

到上海后，章士钊去见黄兴与孙中山，说袁世凯准备称帝，必须整顿军队，加强武备，准备以武力对付袁世凯的称帝。黄兴、孙中山都不相信袁世凯会称帝，不过，孙、黄二公对章士钊主张武力讨伐袁世凯却十分赞成。孙中山请章士钊去游说岑春煊与国民党一起讨袁，黄兴也极力怂恿。

岑春煊时任粤汉铁路督办，住在上海。岑春煊，字云阶，广西西林人，云贵总督岑毓英之子。少年时为纨绔子弟，与瑞澂、劳子乔同称"京城三恶少"，后改邪归正。庚子事变起，时任甘肃布政使的岑春煊，闻八国联军进犯北京，即率兵赴京"勤王"，途中遇仓皇西逃的西太后，岑一路护送西太后到西安。此后，岑以迎銮护驾有功，深得西太后信任，扶摇直上，历任陕西巡抚、山西巡抚、四川总督、两广总督等职。在清末的官僚中，他以清正刚直、勇于任事闻名。岑与袁世凯积不相能，岑想内调中央，做西太后的"看家恶犬"，屡次努力，而屡遭袁世凯阻挠。孙中山等所以欲联络岑春煊共同讨袁，一是岑与袁积怨很深，必乐于与国民党联合反袁；二是岑当时任粤汉铁路督办，这是个肥差，也是个财源，讨袁义师起时，可从那里筹到大量的军饷，而且一旦开战，粤汉铁路地当要冲，具有很重要的军事价值；三是当时广东、广西的实力派人物龙济光、陆荣廷，都曾是岑春煊的旧部，说动岑春煊反袁，就可以利用龙、陆两人的力量，保障南方讨袁军的后方安全，使讨袁军可以全力对付北洋军队。

章士钊领命后，即去拜访岑春煊，两人纵论天下大计，"语无不合"。岑春煊当着章士钊的面，大骂袁世凯为国贼，愿与国民党一起讨袁，他说："吾且如汉文帝，单骑迳赴梧州龙济光营，视济光不作周亚夫，将胡为者。"于是章士钊夫妇就在自己的别墅里设宴，请孙中山、黄兴与岑春煊见面，共商大计，同时被邀的还有汪精卫、胡汉民、于右任、陈其美。章士钊夫妇以地主的身份，举杯共邀大家为合作成功干杯。

不久，岑春煊即邀章士钊同赴武汉，劝副总统黎元洪与国民党一起讨袁。他们到武汉之前，章太炎、李经羲已先期到武汉游说黎元洪讨袁。一日，岑、李、二章，共赴湖北都督府说黎讨袁。章士钊对黎细诉他在京所见袁世凯的复辟帝制的计划，但黎元洪不相信，说："我可以绝对担保，袁世凯不会称帝。"游说多时，黎不为所动，坚持说没有袁世凯，中国会天下大乱，反劝各人共同帮助袁世凯，"以固国基"。各人只好离开都督府。当章士钊等人在都督府游说黎元洪时，袁世凯派在黎身边的密探就潜伏在屏风后，很快，袁世凯就知道一切。黎元洪也老谋深算，事后，他一面召集记者，说他坚决拥护袁大总统，反对革命；一面又暗中派人给章士钊、章太炎等人送去五百银圆，告诉他们，袁世凯已经知道他们在武汉游说的详情，要他们赶快离开武汉回上海，否则，恐遭人暗算。章士钊等赶忙离开武汉。

6月3日，袁世凯解除岑春煊粤汉铁路督办的职务，以后又解除江西都督李烈钧、广东都督胡汉民、安徽都督柏文蔚、湖南都督谭延闿等国民党南方四都督的职务，意图根绝国民党在南方的军政实力，作釜底抽薪之谋。此时，国民党若接受袁世凯解除四都督职务的政令，将丧失制约袁世凯的军政实力，国民党将成毫无实力的"政党"，其能生存与否，全看袁世凯的脸色。事已至此，国民党不得不起兵。7月12日，李烈钧在湖口宣布起兵讨袁。7月15日，黄兴带着章士钊到南京，逼江苏都督程德全宣布江苏独立。程德全原来意存观望，黄兴在见程之前，就派兵包围都督府。等黄、章到都督府时，"已睹严装劲旅，擎枪密集于议政厅前，无虑数百人，枪托顿地，吼声远闻"。程德全见状，早已魂飞天外，哪敢不答应，遂宣布江苏独立，任命黄兴为讨江苏袁军总司令。黄兴随即向全国发布章士钊为他起草的《讨袁檄文》。次日，讨袁军在南京召开军事会议，会间任命章士钊为江苏讨袁军秘书长，推岑春煊为各省讨袁军大元帅。

由于国民党军事实力有限，二次革命很快失败。首事各人均被通缉。黄兴、章士钊等被迫流亡日本，岑春煊则被迫流亡南洋。

第三章

《甲寅》奋笔谈时政
牖启民志俟期会

一、创办《甲寅》月刊

二次革命前，国民党在南方控制着安徽、湖南、江西、广东四省的军政实权，有一定的实力。二次革命失败后，国民党失去对南方四省的控制，军政实力丧失殆尽。袁世凯在国内穷索革命党人，直接参与二次革命的诸人以及支持二次革命的国民党籍的国会议员，均受通缉，章士钊亦在其列。国内既无容身之处，被通缉诸人绝大部分流亡海外，其中大部分流亡日本。

国民党在南方的军政实力被扫荡殆尽后，国内的民主势力失去了后盾。1913年11月4日，也就是国会选举他为正式大总统后不到一个月，袁世凯为阻止国会通过不利于他的正式宪法，借口国民党本部以及国民党议员与二次革命有牵连，下令解散国民党，追缴国民党议员的议员证书，使国会无法凑齐法定人数，陷于瘫痪。1914年1月10日，袁世凯又诬称国会为"暴民"把持，酿成"暴民专制"，妨碍他袁世凯施展雄才大略，下令解散国会。同年2月，又先后解散各级地方自治机构和各省议会。5月，通过所谓的约法会议，对《中华民国临时约法》大加篡改，制定《中华民国约法》，这就是人称的"袁记约法"。它给予袁世凯以专制君主般的权力。以后袁世凯又对地方行政机构进行改组，大力强化中央集权。与此同时，各种各样的专制集权理论，泛滥成灾。于是，国民党在国内无容身之处，原来拥袁的进步党也受到打击，失去了合法的活动地盘。一时间，袁世凯志得意满，毒焰四发，不仅大力迫害国内的民主力量，大肆进行专制集权活动，而且对流亡国外的革命党人也进行分化拉拢，企图将革命党之残枝余叶一扫而空。

由于党人大多数是仓促出逃，身上没有带什么钱，逃亡海外之后，生活十分艰难。转眼之间就到冬季，衣食无着的党人日子更是难熬。有的人只得向自己熟悉的官费留学生借点钱，买红薯充饥；有的人走投无路之际，只得去当苦力。生活艰难并不可怕，可怕的是，面对黑暗的时局，许多党人感到前途渺茫，悲观失望情绪开始滋长蔓延。有人认为，二次革命之前，国民党有数省地盘，有千万之款可以筹集，有十万之兵可用，尚不能对抗袁世凯；现在一败涂地之后，还有什么可以用来革袁世凯之命的资本？因此，灰心之余，他们就不再过问政治。又有人认为袁世凯现在气焰嚣张，其锋不可犯，只有与之虚与委蛇，徐图补救。还有人则对袁世凯心存幻想。更多人则认为应总结二次革命失败的经验教训，制定未来的行动方针。在这两个问题上，革命党的两位主要领导人孙中山、黄兴之间有重大的分歧。

孙中山认为，二次革命失败的主因是国民党组织涣散，思想不统一，尤其是党员不服从他的命令。所以他将国民党改组为中华革命党，要求所有入党的人都要按手印，并发誓牺牲一切"附从孙先生"。而黄兴则认为，二次革命失败的主要原因并非党的不统一，而是革命党战争准备不足；对孙中山另组新党，并要求入党者按手印并宣誓"附从孙先生"的做法不满，说这种关门主义的做法，不利于团结广大反袁志士，而且这种做法本质上与袁世凯的专制并无二样，主张就原有的国民党加以整顿扩充。

在对形势与未来行动方针的看法上，孙中山认为：袁世凯虽气焰嚣张，但实则内外交困，而革命党则仍有很大的实力，所以他主张积极进行暴力革命，这样一两年内，形势必大有改观。黄兴则认为，国民党新败，袁世凯正是气焰嚣张之时，国内人民对袁世凯的野心尚无觉悟，盲动只会给革命带来不必要的损失，所以他主张从长远着手，一是要组织宣传机关，宣传民主共和思想，打破袁世凯的专制集权理论，唤醒国内民众；二是广泛联络各派反对专制以及反对袁世凯的政治力量；三是培训革命志士，尤其是要培养出一批具有一定政治、法律专门知识的人才。等将来袁世凯的野心暴露无遗，人心思变，国内人民怀念革命党之时，革命党既联络了广泛的反袁力量，推翻袁世凯的统治并非难事，而且革命成功之后，有一批专门的建设人才。由于孙、黄的分歧，国民党就分裂为孙中山领导的中华革命党与黄兴领导的欧事研究会。

袁世凯利用国民党的分裂，一面大造孙、黄分家的谣言，极尽挑拨离间之能事；一面派出密探，携巨款到日本，竭力收买革命党人，又让各革命党人在京的朋友给他们写信，劝他们归顺袁氏。

正是在袁世凯气焰嚣张，专制集权有增无减，国内民主势力遭到沉重打击，革命党发生严重分化，人心极其苦闷，悲观失望情绪蔓延之时，章士钊在黄兴的支持下创办了《甲寅》月刊。

在章士钊创办《甲寅》月刊的同时，胡汉民等人曾计划创办一个刊物，从事反袁宣传。由于章士钊在《民立报》和《独立周报》上的卓越表现，由于章士钊是当时革命阵营中少有的对西方法律政治思想有见解的人，也由于他在孙、黄两大革命领袖之间，立场比较中立，所以胡汉民等人就想请章士钊出任主编。为此，胡汉民等屡请黄兴为之说项。黄兴曾数次请章士钊担任此事。但章士钊鉴于自己主笔《民立报》时，曾因主张与同盟会不一，遭激烈分子攻击的故事，不愿再一次与激烈分子合作。后来，胡汉民、黄兴等又向章士钊保证，反袁的刊物组织起来以后，他们会设法防止激烈分子攻击他。从黄兴给章士钊的一封信中可以窥见当日情形："昨晚劭襄兄来云：'杂志之事，汉民兄等，仍要求兄主任其事。未经承诺，殊为悬悬。'弟思袁氏作恶已极，必不能久于其位，兄此刻出为收拾人心之举，亦不为早。至组织后，如最激烈分子，当设法使其不偾事，劭襄亦言及此。如何之处，乞示知。不胜盼祷。"即便如此，章士钊也不同意合作。

在拒绝胡汉民等人的邀请之后，章士钊于1914年5月创办《甲寅》月刊。那年是农历甲寅年，也就是虎年，章士钊一时想不出该为杂志起一个什么名字，就干脆用"甲寅"作为名字，而刊物则画上一只虎，英文名字则叫

《甲寅》第四号封面，1914 年章
士钊在东京主编之刊物。

The Tiger，所以《甲寅》月刊有"老虎杂志"之称。《甲寅》月刊时期，
是章士钊一生中影响最大的时期，也是他一生最为辉煌的时期。

　　《甲寅》杂志主旨是反袁。但与一般的反袁刊物不一样，《甲寅》不
是进行简单的政治攻击，而注意从学理上阐述有关问题。章士钊明确提出
该刊的宗旨："以条陈时弊、朴实说理为主旨。欲下论断，先事考求。与
曰主张，宁曰商榷。……故本志一面为社会写实，一面为社会陈情而已。"
《甲寅》言论并不激烈，以"徐徐牖启民志"为职志，前几期着力从理论
上探讨共和政治的根本精神、共和政治是否适合于中国、能否救中国之危
亡、如何看待民初共和政治失败、怎样才能在中国建立共和政治等困扰人
们的问题，具有相当的理论色彩；而对时局的批评，反居于次要地位。后来，
袁世凯的复辟活动日渐显露，该刊加强了对现实政治的批判，但也是注重
从学理上分析专制集权理论的谬误，以及实行专制集权必然会带来的恶果，
并不是简单的谩骂。

《甲寅》一发行，就深受好学深思之士的欢迎，"风行一时，产生了难以估量的影响"。蒋智由称《甲寅》杂志"翕然称于国人"；黄远庸致函给章士钊称，"今日号称以言论救国者惟足下能副其实"；杨怀中称章士钊在《甲寅》上发表的议论"大有所见"。章士钊在该刊上发表的许多论文，成为传诵一时的名篇，一些文章后来还被选入国文教科书。时隔多年后，当年的一些青年人还能背诵出他的一些文章。著名学者金岳霖在他晚年的回忆录中曾经说，1949年后，他有一次在北京的午门碰到章士钊，对章士钊说："你只比我大十三岁，可是，我曾经把你看作大人物，背过你的文章。那篇文章开头几句是：为政有本，其本在容。何以为容？曰，不好同恶异……"

　　胡适说，近代中国有三个刊物可以代表三个时期，这三个刊物是《时务报》《新民丛报》《新青年》，而次于这三个刊物，虽不足代表一个时期，但也有很大影响的刊物有两个，即《民报》和《甲寅》。他的这一评判很有道理。应该说《甲寅》是中国思想界从民初那一场民主政治试验失败的反省中，逐步走向新文化运动的一个重要中介。从《甲寅》的作者群看，其作者除章士钊外，有李大钊、陈独秀、胡适、易白沙、高一涵、张东荪、李剑农等。这些人大多是后来《新青年》杂志的重要骨干。从该刊的特色看，当时批判袁世凯集团的专制独裁理论，捍卫民主政治的价值，总结民初民主政治试验的经验教训，检讨民初政治理论的失误，进一步探索中国走向民主政治的道路，成了中国思想界的首要课题。《甲寅》就围绕着这些问题开展讨论。常乃德在其《中国思想小史》中说："《甲寅》也是谈政治的刊物，但他谈的政治与当时一般的刊物不同，他有一贯的主张，而且是理想的主张，而且是用严格的理性的态度去鼓吹的。这种态度确是当时的一副救时良药。在当时举国人心沉溺于现实问题的时候，举国人心悲观烦闷到无以复加的时候，忽然有人拿新的理想来号召国民，使人豁然憬悟现实之外尚复别有天地，这就是《甲寅》对于当时的贡献。"

《甲寅》第一期出版后，发生了一件事，让章士钊庆幸自己没有和胡汉民等人合作。该刊第一期有一则"时评"批评袁世凯政府颁布的"新闻条例"，反对干涉人民的言论出版自由，其中涉及南京临时政府颁布的"报律"："条例既颁，闻其条数甚多，较前南京政府所颁布而旋取消者，疏密不可以道里计。……当暴民专制炽于南京，内务部颁发报律三条，电达上海，各报群然抗之，即素隶同盟会之《民立报》，愚亦著论其上，表示反对。彼暴民政府慑于舆论，旋由临时总统以电取消之。……当时吾同业者之惩之创之，理直而词壮，声威何止十倍，且所谓报律仅止三条，倘又过之，则南京内务次长居正，不难立碎与新闻记者之手，即愚不肖亦当饱一拳。今也，吾人出水火之中，等衽席之上，享治平之福，居不讳之朝，……"

胡汉民等人见到这则时评后，大为恼火，说章士钊居然攻击南京临时政府是"暴民政府"，居然说居正会"立碎于新闻记者之手"，应当派人去教训教训章士钊，"使之脑浆迸裂"。于是，一班激进的革命党人召开紧急会议，决定派夏重民出马。夏重民是革命党中的一个激烈分子，人称"大将夏侯惇"。夏领命之后，即率领一班激烈分子，气势汹汹，直奔《甲寅》杂志社，"遇人殴人，遇物毁物"，将杂志社捣毁。那一日，章士钊正好外出有事，而曹亚伯正好到报社拜访章士钊，结果平白无故受了夏重民等人的一顿老拳。

实际上，只要细读这则时评，不难看出，章士钊的真正用意所在。所谓"暴民政府"是民国初年以袁世凯为首的北洋势力以及拥袁的共和党、进步党对南京临时政府的蔑称，所谓"暴民"则是他们对革命党人的蔑称。章士钊沿用这种称呼，是要进步党明白：你们所称的"暴民"，他们掌权时颁布的"暂行报律"，远远没有你们所拥戴的袁世凯颁布的"新闻条例"严酷，真正的"暴民政府"是袁世凯政府。至于文中所说："今也，吾人出水火之中，等衽席之上，享治平之福，居不讳之朝"，完全是讽刺。二次革命之前，章士钊在批评革命党人的狭隘，希望他们注意联合原立宪派共同对付袁世凯的同时，他也曾警告过拥护袁世凯而反对同盟会—国民党的共和党人：共和党在袁世凯眼中不过是一条打狗棍而已，一旦国民党这只狗被击毙，那么共和党这条打狗棍也就会被袁世凯扔到粪堆里，希望共和党不要助纣为虐。章士钊创办《甲寅》月刊，进行反袁宣传的主要目的之一就是要使国内的进步党人明白，袁世凯的专制集权才是真正的暴民专政，希望他们能与流亡海外的国民党中的稳健派，结合成清流大同盟，共同反袁，共谋国家的建设。

但是，胡汉民等人不解其中含义，又愤于章士钊当初拒绝他们邀请他主持《民国》杂志的盛意，于是，就有夏重民等人捣毁《甲寅》杂志社的事情。几十年后，谈起这件事，章士钊还耿耿于怀，庆幸自己没有与胡汉民等人合作，说要是真的答应了胡汉民等人的邀请，共同办刊物，真不知这刊物能否办下去。

二、再三拒绝袁世凯的收买

夏重民捣毁《甲寅》杂志社之后没几天，章士钊突然接到当时在北京的徐佛苏和林白水各一封信，词情恳切，要招他回北京为袁世凯效力。林白水的信中还夹有袁世凯亲笔写的一张便条，便条是用草书写的，内有"闻行严为暴徒所狙击，务劝其速返京"等语。阅完这一便条，章士钊不禁暗暗吃惊：夏重民等捣毁《甲寅》杂志社这事，才发生几天，怎么消息就传得如此之快，甚至身在北京的袁世凯都知道了呢？其实并不奇怪，袁世凯当时派有大批密探在东京，专事收买革命党人，几乎无孔不入。有一段时间，革命党内气氛紧张，人人自危，朋友之间几天未曾见面，也会彼此怀疑对方是否已被袁世凯收买。章士钊一向喜欢袁世凯的行草，觉得颇带有几分书卷气。但是面对这张迹近收买的便条，他知道，自己原先与袁世凯有过一段相当亲近的关系，现在又与革命党中的激进分子不和，一旦被人知道，就会成为他们攻击自己，甚至攻击《甲寅》的借口。读完便条后，赶忙将便条烧毁，拒绝了袁世凯的收买。

在他收到袁世凯的便条之后不久，胡瑛去找章士钊，说他想回北京去，征求章士钊的意见。胡瑛的理由是：其一，袁世凯现在羽翼已丰，党人一盘散沙，不知何处下手，如此相持下去，越久就越对革命党不利，长期流亡海外，实在不是办法，也太委屈了自己。其二，袁世凯很把他胡瑛当作人才，他举例说，当他第一次从烟台到北京觐见袁世凯时，袁世凯就十分热情，并问他："经武（胡瑛字经武）！汝之头痛已痊愈乎？"他当时就十分吃惊，因为他以前从未见过袁世凯，而且又不曾与袁通问，他怎么就知道自己有头痛病呢？分析来分析去，胡瑛认为，定是袁世凯把他当作人才，一直在暗中关心他。如此说来，袁世凯还真是他的知己。他回国后，袁世凯也一定会厚待他。其三，胡瑛说他自己是个善作水磨功夫之人，只要袁世凯政权十年不倒，经过他耐心细致的工作，一定可以利用机会为革命党将来推翻袁氏的统治出大力。

听完胡瑛的叙述，章士钊很失望。章士钊比较了解袁世凯，知道他最擅长以小恩小惠收买人，也知道他有复辟帝制的野心。他劝胡瑛不要上当："君何一厢情愿一至于此也！试思袁氏老奸巨猾，玩弄过千千万万人，今日翻为初出茅庐之胡瑛所利用，岂不令天下人齿冷？君向自诩机智胜人，诚不料今日所运机智，翻远出李兆寿妓阿巧之下。"胡瑛一时弄不清章士钊说的怎么一回事，章士钊解释说：李兆寿是太平天国的一员猛将，他在上海和一个叫阿巧的妓女相好。为了阿巧，李兆寿大把花钱，毫不心痛，又信誓旦旦向阿巧保证，要与她同生共死。为表白心迹，李兆寿乃自己动手，生生地敲下自己的一颗门牙，把它交给阿巧保存，以为两情不贰的血证。不久，两情不洽，兆寿大怒，说自己当初曾自毁牙齿，设有毒誓，现如今两人已经如此，阿巧应把他那颗门牙还给他。阿巧打开橱门，取出一个长长的抽屉，其中所放全是大小不一或白或黄的牙齿，笑盈盈地对兆寿说："这中间，牙齿太多，我也不知道哪颗是你的，你自己找找看，找到了就把它拿走，老娘不稀罕你那破烂玩意儿！"李兆寿，堂堂一个大将军，到此目瞪口呆，无话可说，只得垂头丧气走了。袁世凯的长抽屉里，就藏有无数的门牙，其中或许也有你胡经武的小小败牙一颗。你不要一厢情愿，觉得自己把心交给了袁世凯，袁世凯就靠得住，你就可以扬扬入新华门。我恐怕，你此去北京，就陷进去了，再也不能自拔。

后来，胡瑛不听章士钊的劝告，自食其果，成了"筹安会六君子"之一，为袁世凯的复辟活动效力，终至为国人唾弃。

1914 年 11 月 7 日，日本借对德宣战，攻占德国控制的青岛，中日关系再度趋紧。袁世凯又派驻日公使陆宗舆以及密探蒋士立出面，企图收买章士钊，想通过他劝阻孙中山、黄兴等革命领袖停止革命。但章士钊又一次拒绝他们的收买。黔驴技穷之余，袁世凯政府散布谣言，说章士钊已经接受了他们的收买。是年 11 月上旬，美国的《纽约时报》就有这样的报道："汪精卫、蔡元培、章士钊三人与孙中山约，勿起三次革命，又与袁政府为和平协商，订立'爱国公约'。袁克定从中促成，政府已解党禁，赦南方各省之二次革命诸将领。"这纯粹是子虚乌有。当时在美国的黄兴，就曾郑重发表谈话，指出："外电所传汪、蔡、章诸人出面调停和平协商事，全属子虚；袁世凯实无意和平解决，民党方面也决不会含糊了事，一定要反袁到底，不达目的绝不罢休。"

章士钊始终都不曾受袁世凯的收买，他的《甲寅》始终不曾改变其反对袁世凯专制集权、宣传民主思想的宗旨。

三、"先国家后政治，先政治后党派"
——在中日"二十一条"交涉之中

1915 年 2 月，欧事研究会两次发表对时局的声明。这两份声明被中华革命党看作放弃革命，向袁世凯屈膝投降。由于这两份声明都是章士钊起草的，所以后来当章士钊走向"反动"，整顿学风之时，这个陈年旧案就被翻出来，作为章士钊早就投靠军阀的证据，说"识者固知其非忠贞之士"。到现在，还有人借此说章士钊在《甲寅》上发表的论说，是基于对袁世凯的幻想，希望袁世凯改革政治、实行调和立国的原则、容许敌对党派的存在，从而避免革命，所以该刊所起的作用就是在革命党人中散布对袁世凯的幻想，消减了革命党人的革命意志。这些说法均依据不足，难以成立。关于章士钊《甲寅》时期的思想，后文会专门分析，这里先看欧事研究会的两份声明。

首先，这是欧事研究会的声明，并不是章士钊的个人行动。声明反映的是欧事研究会对于时局的基本态度，绝非受袁世凯收买之后发表的文件。

其次，再看声明发表的背景与内容。1915 年 1 月 18 日，日本驻华公使日置益代表日本政府向袁世凯提出"二十一条"。"二十一条"严重损害中国的主权，如果接受它，中国就会成为朝鲜第二，最终成为日本的殖民地。消息传出，举国惶然，国内民众发起了声势浩大的反日爱国运动，或集会，或投书报刊，或通电全国，一致抗议日本的侵略行径，要求袁世凯政府拒绝日本的无理要求；各地民众还掀起大规模的抵制日货运动。旅居各地的华人、华侨，也纷纷声援国内的反日爱国运动。

此时，如何处理反对帝国主义侵略与反对国内专制统治者的关系，成了革命党人的首要课题。以孙中山为首的中华革命党，认为袁世凯蓄意媚日卖国，唯有迅速推翻之，才可拯救国家。他们认为，乘袁世凯忙于对日交涉之时，发动第三次革命，必可收秋风扫落叶之效。而以黄兴为首的欧事研究会则反对"乘隙急进""孟浪从事"，反对借外力进行革命，尤其反对借助日本的力量从事反袁革命，认为应首先解决中日间的民族矛盾，为此须暂停革命，以免妨碍袁世凯政府的对日外交。

与此同时，袁世凯为打击革命党，稳定国内政局，对革命党进一步分化拉拢，大造革命党将利用政府的外交困难，借助外力发动第三次革命的谣言。

为了表明自己对于时局的态度，欧事研究会于 1915 年 2 月先后发表了两个通电。通电的主要内容是：第一，革命党人绝无乘袁世凯政府外交困难之际，借外力发动第三次革命的企图。电文说："夫国政不纲，有目共睹，同人思之，诚所痛心。然借异虐同之举，引狼拒虎之谋，前为天良所不容，后为智计所不许，人虽不肖，亦安至此？吾人第一主见，乃先国家后政治，先政治后党派，国苟不存，政于何有？政苟有成，何分于党？故吾人反对政府，非有恶于其人，而有不足于其政，虽欲大革其政，而决不敢有危于国，矢心如此，自信可告国人。""至言假借外力，尤为荒诞，兴（即黄兴）等固不肖，然亦安至国家大义，瞢无所知？窃览世界诸邦，莫不以民族立国，一族以内之事，纵为万恶，亦惟族人自董理之，依赖他族，国必不保。"所有诬蔑革命党人将借日本人之力发动第三次革命的说法，要么就是国内奸人借以打击革命党人，欺骗民众的谎言；要么是日本帝国主义借以恫吓袁世凯政府，压迫它在"二十一条"交涉中让步，以收渔人之利的诡计。

第二，当外交交涉紧急之时，本着"先国家后政治，先政治后党派"的原则，革命党人会暂停革命，以利政府的外交交涉。"此次外交受辱，举国震惊，虽由国之积弱，而亦由中央失政所招，能发能收，责在当局。

吾徒屏居海外，修学待时，无力使之加良，亦何忍使之加恶。"

第三，革命党人并不放弃革命。电文指出："吾人所持政见，今虽无地容其发展，而决不以政府意向，与为变迁。"避免革命，也是革命党的心愿，"夫兵凶战危，古有明训，苟可以免，畴曰不宜"。尤其中国当革命之后，元气大伤，加以盗贼充斥，一旦发动革命，时局恐难收拾。但革命发生与否，其主动权并不在革命党人，而在政府。若政府良善，人心安稳，即使革命党人想发动革命，也绝不会有成功的希望。反之，若政府坚持专制独裁之政，民生艰难，人民自由权利毫无保障，政府衮衮诸公想避免革命，也只能是空想。要避免革命，就当改良政治。而现在的袁世凯政府动辄以内乱未已，大权未曾集中为自己的失政辩护，似乎大权一旦集中，国家就有了振兴的希望，现在革命党人被排击出国，大权也集中了，可是现实情形怎样呢："年来内政荒芜，纲纪坠地，国情愈恶，民困愈滋。一言蔽之，只知有私，不知有国，权氛所至，自非易女为男，易男为女，此外盖无不能，……窃论外交受逼，虽有时势因缘，而政治组织不良，乃其最易取辱之道。盖一人政治，近世已经绝迹，非其不能，实乃未可。良以社会之质，善于一人，团体之力，厚于分子，此种政治通义，背之不祥。今吾国不见国家，唯见一人，宜乎他国以全国之力，仅为束缚驰骤一人之计，而若行无所事也。"革命党推翻专制统治的目的，就是改良政治，以振兴国家，最终避免革命。这种决心不以政府的意志为转移，除非政府决心废除专制政治，实行民主政治。

两个通电意在辟谣，行文是章士钊式的朴实说理的行文，但又情真意切，声泪俱下。通电并没有混淆政府与国家，而明确指出国家外交受辱的根源所在，虽没有说要放弃革命，而只是说要暂停革命，以利袁世凯政府的对日外交。但就其实际效果来看，这两个通电，既与国内声势浩大的反日救国运动相呼应，也消除了国内民众的误解，明白革命党人并无牺牲国家利益以谋党派利益之心，也明白革命党人革命的目的。一个流亡海外的革命党，如果背上背叛民族利益以谋党派利益的骂名，那么它的政治主张无论怎样高妙，无论怎样符合时代潮流，无论在实际上怎样符合国家与民族利益，都不会得到国民的认同，这样的政党在民众中很难有号召力，它的事业也难有成功的希望。欧事研究会以暂停革命，表明流亡海外的革命党人，虽失败流亡在外，但仍念念不忘国家民族利益，当国家利益受到外敌威胁时，革命党人可以暂停实施自己的主张，击破了袁世凯散布的谣言。其中的政治意义，恐怕不能用暂停革命一段时间的损失来衡量。

反观以孙中山为首的中华革命党，只强调袁世凯是祸国殃民的罪魁祸首，应当立即推翻其统治，袁世凯政府外交受困之时正是革命党人发动革命的大好时机，并没有提出反对日本帝国主义的策略。结果，中华革命党的行动与国内的反日爱国运动脱节，在反日爱国运动中影响甚微。加以袁世凯趁机攻击中华革命党要借日本之力发动革命，离间它与国内民众的关系，使它在国内民众的威信受到严重影响。

毋庸讳言，欧事研究会的通电也表现出对袁世凯的幻想，希望袁世凯经"二十一条"交涉，"迷梦猛醒"，"发愤独立"，改革政治，这是不现实的。当袁世凯接受"二十一条"、复辟帝制的活动日渐明显之后，欧事研究会诸人，多投入反袁的武装斗争，章士钊也放下他"牖启民智"的文笔，走向武装讨袁的战场。

1915年5月9日，当袁世凯接受"二十一条"的消息传来，章士钊怀着极其悲愤的心情写下了《时局痛言》一文，严厉批判袁世凯政府。文章指出：近年来，一些中国人迷信权力万能，以为国家有此，以之对内，则举国倾心，以之对外，则强邻听命。可就在一些无耻政客为专制政治大唱赞歌的时候，突然有"二十一条"。面对"二十一条"，国内的无耻政客却为袁世凯大唱赞歌，说什么"有大总统在，强邻不敢启衅"；又说什么假如没有现在的"强有力政府"（即专制集权政府），没有英明的袁大总统，今日的对日交涉，日本所提条件会更加苛刻。章士钊愤然指出，这些谬论的真正危害是，不知中国病弱的原因，而把专制集权当作是拯救国家的法宝，将来国破家亡，仍不知病症何在。

文章揭露袁世凯只知有一己私利，不知有国家民族利益的国贼面目，在"二十一条"交涉中，袁世凯最担心的并非国家利益之丧失，而是担心一旦交涉失败，中日间发生战争，国内外的不平分子会乘机推翻政府。章士钊指出，按理说，大敌当前，全国应无仇无友，同仇敌忾，可是袁世凯当局却时时以内乱为忧，其原因要么是政府行其万恶之政，人民痛心疾首，倒行逆施而不顾；要么就是人民毫无爱国心，甘心为虎作伥，即使有良政府也必欲倒之以为快。章士钊明确指出，逃亡国外的革命党，虽然以推倒政府为职志，但"借寇覆邦之举，未必所欲"。

四、阐述爱国真义

自从进入文明社会以来，国家就是人类自治、自保的一种高级政治组织。在国家消亡以前，它是人们无法超越的一道界限。国家的兴衰存亡，直接关系到属于该国家的人们的福利。国民的爱国心是团聚人们而组织成国家的向心力，是一种无形的精神力量，没有这种向心力，人们就是一盘散沙，国家就无法存在。尤其是当国家、民族遭受到巨大的生存危机时，国民的爱国心更是民族独立、国家复兴的精神资源，是鼓舞人们舍生忘死、效命疆场的精神动力。正因为如此，爱国是一切民族都热烈歌颂的美德，也是一个国民应该具备的最基本的品质。

中华民族具有悠久的爱国传统，曾出现过无数爱国英雄，从屈原到岳飞，从文天祥到史可法，到近代，更出现了一大批爱国志士。但是，在近代以前，国家只是专制君主的私人财产，其安危全系于专制君主个人的才干、德行；爱国总与忠君相连。近代以来，随着近代民主观念的输入，人们渐知君主并不等于国家，爱国与忠君并无实质联系。

辛亥革命后，南京临时参议院制定的《中华民国临时约法》，即明确规定，中华民国之主权属于中华民国国民全体，否定了旧时代的"朕即国家"的国家观。由于中国有悠久的整体利益至上的传统，加以近代以来中华民族在整体上面临着重大的生存危机，因此民国建立之后，中国思想界曾经出现一股强调国家利益而忽视甚至贬低个人利益的国权主义思潮。号称"民权党"的同盟会和国民党中，有不少人认为，国皮民毛，皮之不存，毛将焉附？国家无法存在，国民权利即无保障。因此，他们认为，要保障国民的权益，必须巩固国权。而以梁启超为代表的"国权党"则认为，"国家为重，而人民为轻"，当人民之利益与国家之利益发生冲突时，只能为国家牺牲人民之利益，而不能为人民牺牲国家之利益。他们说，天赋人权、自由平等之类的学说，只能有效于强国之民，生于弱国的中国人，必先谋求国家之自由平等，才有条件讲个人之自由平等。又说鼓吹民权论会引起"暴民专制"，而损害国家的利益，使之"不获整齐于内竞胜于外"。

由于认识的局限，善良的人们片面地强调国家利益，结果这种思想倾向被袁世凯利用，成了他专制集权的理论依据。袁世凯及其追随者，正是打着国家利益的旗帜，以自己有着"救国"的"至诚"之意的空头支票，肆意进行专制集权活动。而"爱国"则成了袁世凯要求人民为自己作出牺牲，忍受残暴统治的美妙幌子。在这一面幌子之下，专制统治者的非法行径合法化了，而舆论对此往往无能为力。

当此情况之下，思想理论界的一个重要任务就是，在理论上批驳袁世凯及其追随者鼓吹的伪爱国论、伪国家主义，厘清国家与个人的关系，阐述爱国真义。章士钊及其主编的《甲寅》敏锐地发觉这一重大理论问题，发起了一场讨论。这场讨论在中国近代思想史上，有着重要的意义。当时最著名的政论家，如章士钊、李大钊、陈独秀、高一涵等都参与了讨论。

1914 年 5 月，袁记约法会议制定《中华民国约法》。约法会议给袁世凯的咨文中称："改造民国根本大法，在力求实利，而不在徒饰美观；首在为多数人谋幸福，而不在与少数人言感情。救国但出于至诚，毁誉实不敢计及。是以此增修约法，名以隆大总统之权，实以重大总统之责。"于是，约法会议的衮衮诸公，以"救国但出于至诚"的空头支票，以"力求实利"的幌子，大胆篡改《中华民国临时约法》，把一切权力集中于总统，"凡可以掣行政之肘者……皆予删除。凡可以为行政之助者……悉予增加"，使袁大总统拥有了专制君主的权力。

6 月，章士钊就在《甲寅》上发表《国家与责任》一文，系统地批判袁记约法。他指出，约法会议衮衮诸公将大权集于袁世凯，而美其名曰"重大总统之责任"，其根本的观念就是把国家就看作袁大总统的私产。袁记约法中称"大总统为国家元首，总揽统治权"，就是以国家作为大总统的私产。因为统治权为一国最高之权，国家与统治权，是一而二，二而一的东西："从其凝而言之，为国家，从其流而言之，为统治权。"说大总统"总揽统治权"就等于说大总统"总揽国家"。这就是说，在国家之上还有大总统。真所谓，举头望约法，不见有国家，只见有总统。章士钊指出：国家并不是一人的私产，而是自由的人民为着保障自己的权利而结合起来的组织。保障国民的自由权利，就是国家存在的唯一理由。国家不能保障人民的自由权利，不过一个猪圈而已，对于人民没有任何意义，其兴衰存亡，一概与国民无关。所谓国民就是在由自由的人民自己建立的，能够保障自己自由权利的真正意义上的国家中，享有权利的，能自定苦乐，能自定避苦趋乐之策的人。如果国民不能享有自由权利，不能自定苦乐，就是奴隶。章士钊说：国家只是人们制造出来的一个符号，用来指示一种以"公道"

为其核心价值，以保障国民自由权利为其根本目的的政治组织，不是什么神秘高贵的东西，它本身的价值就如原始人群的图腾，并无特别的利益。

正是基于上述理由，章士钊严厉批判"伪国家主义"："有倡伪国家主义者，意在损个人以益国家。此说之可取，亦视夫所为损益之界说若何，若漫无经界，犯吾人权根本之说。愚敢断言之曰，此伪国家主义也，此曲学之徒，软骨之士奉为禽犊以媚强权而取宠利者也。"章士钊说得很有分寸，他不是说，个人的利益绝对不可侵犯，而是说有时为了国家的利益，个人确实应当要作出牺牲，但这种牺牲是有限度的，不得侵犯"人权根本之说"。

章士钊分析"伪国家主义"在中国流行的原因。他说，本来人都是自私自利的，为个人的利益打算，才是人的本性，才是人们的真实心理要求。但数千年来中国的政治学说和伦理学说都忽视人的本性与人的真实心理要求，大力提倡公而忘私。所谓"公而忘私"，其原型是荀子所提倡的"损下益上"，即要求臣子为君主牺牲自己的一切。这起先只是在统治者的武力压迫下人们被迫的行动，后来又成了儒家学说中的伦理要求，最终成为束缚人们思想的枷锁，成了人们在谋求个人利益时必须绕过的一道障碍。但是人终究是要为自己谋利益的，于是，有权有势的人们一面打着公而忘私的旗号，谋求个人的利益，造成整个伦理体系的虚化，造就了大批满口的仁义道德，满腹的个人私利的虚伪的"君子"；而无权无势的人们在"公而忘私"的伦理规范中无法谋求自己的利益，最终只有公然以极端的形式，即以暴力的形式谋求个人的利益。

以国家利益的名义要求国民个人为国家作出牺牲的最常见的口号就是爱国。所以，厘清爱国真义，就同弄清楚国家的目的一样重要。

章士钊承认，爱国心是一种不学而知的良知，不学而能的良能，"人为一国之民，不能自立于国家之外，祖宗邱墓之乡，饮食歌哭之地，尚曰不爱，岂复人情？"但是，"爱国"并不是牺牲自己应享有的权利，也不等同于爱政府。爱国只是正确处理国家与个人的关系："人立于一国，公私相与之际，有其相宜之位置焉，能保此相宜之位置，适如其量，即是爱国之道。"

章士钊批驳"伪爱国心"："有主张抹杀人民权利举而奉之一人或一机关以滋其蹂躏，而又美其号曰救国，嗷嗷者氓从而和之者，愚敢断言之曰，此伪爱国心也。此鄙夫利之以行其政策，独夫民贼利之以愚其黔首者也。"袁世凯手下的御用文人所鼓吹的"爱国心"就是这种"伪爱国心"。

章士钊指出，在爱国这个问题上，必须严格区分国家与政府。"有国而不知爱，是谓大瞀；谓吾应于恶政府而爱之，是谓大愚。……爱国可耳，决不能使倚国为恶之政府并享吾爱也。"反对政府并不等于不爱国，推翻恶劣的政府，建立新的良善的政府，本身就是爱国。当时的袁世凯政府动辄以爱国的名义要求国内民众服从自己的专制统治，动辄以流亡海外的革命党人意欲推翻自己的专制统治而指责他们背叛国家。章士钊的这些论述，从理论上，驳倒了这一班御用文人的谬论，很有意义。

1915 年 8 月，章士钊发表文章辛辣讽刺袁世凯政府发行所谓的"爱国储金"。当中日"二十一条"交涉进行之时，袁世凯政府在一些策士的策划下，利用国民高涨的爱国情绪，发行所谓的"爱国储金"，以解决财政困难。袁政府原计划借此从民间搜刮 5000 万元左右。于是，以达官贵人以及名流巨绅为发起人，在各地设立机构，大造舆论，干得热火朝天。但是发行几个月之后，认捐总数不过 600 多万元，而到手的现金还不到 200 万元。这件事，从表面看，似乎是绝大多数中国人都没有爱国心。实质并不是人民不爱国，而是政府以"爱国"的美名窃用民间之财。在对这件事进行分析之后，章士钊套用老子的"民不畏死，奈何以死劫之"一语，对袁世凯政府进行讽刺："民不爱国，奈何以爱国劫之？！"他说："以爱国二字与储金连为一名词，谓不储金者即不爱国焉。此诚细人妇寺之所谓爱，与近世立国之道风马牛不相及者也。"

当时正值第一次世界大战，英国正与法国、俄国联手，和德、奥两国在欧洲战场激战正酣。就在这时，英国矿工却举行了一场声势浩大的罢工斗争，要求改善劳动条件，增加工资。由于政府没有及时答应矿工的要求，罢工迁延时日。于是，兵工厂原料不足，而海军则无煤可烧，以煤为动力的海军军舰几至寸步难行，使英国政府在战争中十分被动。就这一件事，章士钊指出："此其矿夫之无爱国心，在吾东方人闻之，必且舌挢三日而不能下。"但是，以近代的政治理论看，英国矿工并非不爱国，爱国与争取自己的正当权益并不矛盾，政府也不能以"爱国"的名义侵犯国民的正当权益。英国矿工罢工，原因在矿工们的正当权益受到矿主们的侵犯，矿工们只是利用战争这个时机，要挟政府注意他们的权益受到了侵犯，要求政府保障他们的正当权益。英国政府要想使矿工复工，除改变政策，保障矿工的正当权益外，别无办法，指责矿工不爱国而压迫矿工复工，或者以"爱国"相号召，诱使矿工复工，都徒劳无益。

对当时的中国人来说，爱国不仅是正确处理国家与个人的关系，还必须要推翻专制政府，建立新的由人民控制、反映人民意志、保护人民之自由权利的国家。中国当时的国家由一个专制独裁政府控制，成了一小撮窃国者残民以逞的工具，根本就不是一个民主的国家，这样的政府只会造成亡国灭种的局面，根本不能保障人民的自由权利。因此，要想使国家强大，就必须推翻专制政府；要想保障人民的自由权利，就必须建立一个新的民主的国家。为实现这一目的，那些认识到国家应当是保障人民自由幸福的组织的精英分子必须率先起来救国，为国牺牲。

1914 年 11 月，陈独秀在《甲寅》上发表《爱国心与自觉心》一文。文中说：国家，应是保障人民之权利，谋人民之幸福的组织；倘国家违背这一宗旨，那么其存其亡，均与国民无关。而中国现在的国家，"外无以御侮，内无以保民，且适以残民，……海外之师至，吾民必且有垂涕而迎之者矣……国家、国家，尔行尔法，吾人诚无之不为忧，有之不为喜"。现有的国家既不可爱，而中国人是否有能力建立一个保障人民自由幸福的国家，他也十分怀疑。愤激之余，他说中国只有听人瓜分的命："瓜分之局，何法可逃？亡国为奴，何事可怖？"

陈独秀此文的主旨是呼唤国人对个人自由权利的自觉，没有这种自觉，就不能建立新的保障人民自由权利的国家；没有这种自觉，所谓爱国，不过是保存恶劣的专制政府。所表达的思想十分深刻。但文章过于悲观，言辞过于激烈，如李大钊所说，"文中厌世之辞，嫌其泰多；自觉之义，嫌其太少"。文章发表以后，招致许多误解与批评，作为主编的章士钊也收到大量的"诘问叱责之书"，来信的意思大抵相同，无非是说"不知爱国，宁复为人？何物狂徒，放为是论"。

然而，陈独秀《自觉心与爱国心》一文发表之后几个月，人们的思想发生了极大的变化，面对着封建专制势力独揽国家大权，对内残民以逞，对外卖国求存，有国不优于无国的想法迅速在人们心中蔓延。甚至有人说："亡国后，人民之苦痛，充其量亦不过如所受于今政府，而公众事业之日以发展，普通教育之有可期，权利虽微而能守，法律纵酷而有定，犹非今政府所能望。"明确赞同陈独秀的有国如此不如亡国的想法。梁启超甚至说，"吾见夫举国人暗暗作此想者，盖十人而八九"。面对无可救药的政府，人们在绝望之余，每易作过激之论，这很自然。

这种过激之论，如章士钊所指出的，有两重作用：一方面，固可鞭笞势利文人，使他们不再鼓噪似是而非的爱国论；另一方面，如议论不谨慎，"则又有耽耽逐逐者，掀髯于旁，其足以沉吾国于九幽无以自拔，殆又甚也"。要求人们具有自觉心，是要人们认识到不能保护自己权利的国家没有存在的价值，目的是要人们造一可爱之国而爱之，并不是要人们不爱国，更不是使人们自甘亡国。

针对国亡何事可怖的偏激说法，章士钊要人们"慎用感情"。他说，亡国为奴，并非不可怕，而是十分可怕。"人为一国之民，不能自立于国家之外"，国家的兴衰存亡，直接影响个人的生存与发展；面对国内黑暗的政治，个人无处可逃，"吾将效摩西之出埃及，或新教徒之至新大陆矣乎？则人稠而莫举，当今之世亦决无片地以相容也。"而亡国为奴，接受异族的统治，也不是出路。"吾将翻各色之降幡迎海外之汤武，远宗邦昌（指中国历史上著名的大汉奸张邦昌），近法容九（指朝鲜近代史上的卖国贼李容九）矣乎？则举目旷观，亡国森列，其马牛沟壑之状，息息以前例告我，苟非精神瞀乱之极，或偶发激刺之谈，吾未见有心者果能作此想也。"他对亡国为奴的惨状做了细致的描述："他事且不论，今番欧洲战役，全世界殆无一角之地，谁氏之人，不被其影响，而亡国之惨例，亦即挟以俱陈。波兰三分于俄德奥，德奥与俄以毫无与波兰人之事，挺刃而寻仇，乃各首驱其所属之波人，以为前驱。哇苏一带，大小之战，无虑数十，而波人拉其血泪，抑其天良，马一前而赵趄，枪一发而颤动，以极不自由之意志执行极无人道之手段，互戕其同胞于呼天抢地之下者至于无艺。犹太亦然。犹太自失其国，有籍于英者焉，有籍于法者焉，有籍于俄与德奥者焉。今兹各服其兵役，不得不为机械之运动，以戕贼其同种，诸父兄弟争刃焉。"中国人应将此等事实大书深刻于脑海，不作国亡何事可怖之谈。中国若亡国，必定是被列强瓜分豆剖，"虽欲不为波人之互戕，犹太之互戮，无可幸免。

既不能亡国，又不能爱以袁世凯为首的专制独裁政府控制的国家，那么出路就是，推翻袁世凯的专制独裁统治，建立一个新的可爱的国家。章士钊希望先觉之士，即昌言国不足爱，而国亡不足惧者，从我做起，首先担起建立新国家的历史责任。

五、论宪政与专制优劣

二次革命失败后，袁世凯已将国民党的军政实力扫荡殆尽。环顾海内，似可为所欲为。于是他肆无忌惮地进行专制集权活动，一班御用文人大肆鼓噪专制集权理论。他们说，他们本着为大多数人谋福利，为国家民族谋实利的"至诚"之意，外察世界大势，内察国情，历稽史乘，得出的结论是：中国倘继续实行共和，则"欲为强国无望也，欲为富国无望也，欲为立宪国亦无望也，终归于亡国而已矣！"共和虽美，但不适合中国国情：第一，实行共和需有相当的国民程度，而中国国民程度低下，"多数人民，不知共和为何物，亦不知所谓法律，以及自由平等为何义"，"无研究政治之能力"；民国建立之后，贸然实行共和政治，就出现了种种问题。第二，中国幅员广大，政情、民情复杂，必须有一个强有力的政府来管理。第三，中国现在当革命之后，"开自古未有诸创局，建设未遑，飘摇风雨，纲解纽绝，无可遵循"，需要一个具有全权的领袖，以绝对的权力来平定动乱，恢复秩序，应付危局，开展国家建设。总之，他们认为，中国现在"无论谁为元首，欲求统一行政，国内治安，除用专制，别无他策"。其他诸如此类的国情论，在鼓噪专制集权的人士那里，可谓触目皆是。

一时间，专制集权之论甚嚣尘上。为捍卫民主，进步思想界纷纷撰文批驳专制谬论，其中章士钊以其深邃的政治理论修养，朴实而又极富逻辑性的论文，发挥了重要作用。章士钊指出：衡量一种制度是否适合，其唯一标准是它是否适合于谋求最大多数人的最大幸福，是否适合国家的进步，而这须由人民自己说了才算。中国的国情如何，中国适合什么样的政治制度，只能由人民自己说了算。所谓的外国法学权威美国的古德诺、日本的有贺长雄也好，约法会议的衮衮诸公也好，袁世凯政府当局也好，他们的说法，只能代表他们自己，不能代表中国人民。中国人民推翻清政府的专制统治，建立共和政治，其唯一目的就要自己确定什么是中国的国情，什么样的政治制度最适合中国。现在，袁世凯解散国会，封禁代表人民意见的报刊，剥夺人民发言的权利，却大言不惭地检出若干东西来，对人民说，这就是中国的国情，那又最适合中国。这是强奸民意。这就好比一个女人被暴徒强奸了，但暴徒却钳其口夺其笔，使她无法向人们诉说真情，而暴徒却得意扬扬地对人们说："此子窥臣三年矣！"

章士钊以严密的逻辑、大量的事实说明：在专制政治之下，不可能有绝大多数人民的自由幸福；想用专制政治来谋国家的富强，不是无知，就是自欺欺人。因为专制政治有不可克服的矛盾，要想谋最大多数人的最大幸福，要谋国家的富强、社会进步，舍宪政外，别无他路。

他说，人的苦乐，只有自己感受最切身，避苦趋乐的对策也只能由个人自己决定，如果人民把权力交给统治者，期望他们代为决定何为苦何为乐，决定避苦趋乐的对策，那是十分危险的。因为人都是自私自利的，有权者莫不喜以权谋私，若不对权力进行监督，人民不能控制政府，"以全国之福利供一人或一团体之牺牲，实人类劣根性必生之结果"。为确保人民能自定苦乐，自谋幸福，人民应当制定宪法，保障自己的权利，建立一个自己能够直接或间接控制的政府，并限制其权力。

有人说，中国人民民智低下，"不解真苦乐"，需有在上者，为他们决定何为苦何为乐，决定避苦趋乐的政策。章士钊说，毋庸讳言，这种情况是有的。但在中国现在最好不要说这种话，他举了几个例子：广东的赌博，老百姓深以为苦，以前革命党曾经大力禁绝，而现在的政府则说：不，尔等小民喜欢赌博，以前乱党禁绝之，吾等现为尔等恢复之。陕西及江苏、江西、广东的鸦片，人民深以为苦，而政府却说：不，尔等小民皆喜食鸦片，以前乱党禁绝之，吾等现大力提倡种植鸦片，满足尔等之欲。帝国主义侵略中国，国将不保，人民深以为苦，但是政府却割让土地、出卖路矿、聘请顾问，唯恐满足不了外国侵略者。民穷财尽而国将破产，人民深以为苦，而政府乃竭力向外国银行团借款，以为其挥霍、贿赂、赌博之用。人民乐工商业发达，"政府知其然也，为之多发纸币以充其资本，为之多纵兵匪以分销其货品；悯盐商之疲困，则假手洋监督以苏息之；痛商办公司之无利，则盗押于外国银行而不使知之"。人民渴望生命安全，"政府又知其然也，为之遍设侦探，民不良不被逻察；为之四纵军队，女不美不被奸淫；偶语者不得不弃市，为治安也；有党者，不得不炮烙，警将来也"。凡此种种，都是人民不能自定苦乐，自决避苦趋乐之策，而由不受人民控制的政府代为决定所出现的现象，这也是一切专制统治必结之果。

章士钊指出：欲图国之长治久安，必废专制而行宪政。以专制而求国之长治久安，无异于缘木求鱼。因为要想使政治清明，必须依法治国，而专制与法治水火不容。专制国家虽有法律，但其法律与民主国家的法律完全是两回事。民主政治下的法律，有"公"的特点，法律不是由一人强加给人民，而是人民选举代表，经过严密细致的讨论、争论，经过充分的协商、妥协，容纳各方意见，照顾各方利益之后，制定出来的，因此人民愿意遵守这种法律。民主国的法律又具有"定"的性质，其实施有严格的程序，解释有专门的机构，所以真正起作用的是法律，可以做到依法治国。而专制统治之下，所谓法律，只是专制统治者一人的意志，不具备"公"的性质，要维系这样的法律，不是靠人民的同意，而只能靠暴力。同时，在专制国，专制统治者独揽生杀刑赏之权，人民无权对国家的政策以及官僚的任免、升迁发表任何意见，臣僚为固宠安位，升官发财，就不能按法律办事，而只有揣摩专制统治者的真正好恶并且善于逢迎，才能得偿所愿。所以在专制国，真正起作用的不是什么法律，而是专制统治者个人的意志。而这种意志变化无常，所以专制统治之下，实际是没有法律的。由于国家纲纪法令的失效，由于最高统治者不是全知全能的神，由于人民无法对政治事务发表意见，无法监督官僚，就必然会出现整个官僚体系的腐败。实行这种制度，只会亡国灭种，而不可能挽救民族危机、振兴国家。

中国历史上，也曾有实行专制统治而天下大治的事，比如著名的文景之治、贞观之治。这是一些主张专制制度的人所津津乐道的。

章士钊指出：第一，汉唐盛世的出现，靠的是汉文帝、唐太宗这样的英主，而不是专制制度。君主专制继世而理，明主的出现只是偶然之事，专制而天下大治，只是"赌而偶赢"，并非专制制度的必然结果。而近世民主政治实现天下大治，靠的是制度，而不是某个人，而制度的作用是长久的、稳定的。第二，汉唐盛世的本质是，经大乱之后，人心思安，人口锐减，豪猾被扫荡殆尽，安分守己的良民有一个比较好的生存环境，这时专制统治者只要无所作为，就可天下大治。以后经二三百年生聚，人口膨胀，人民求食困难，就铤而走险，于是天下又大乱。中国数千年的历史就是在这种治乱循环中。因此专制统治下的所谓太平之世，不过是"民出粟米麻丝，野无揭竿斩木"，这纯粹是消极的治，与人民之真正福祉毫不相干。

章士钊还指出：专制是制造革命的制度。专制政治之下，人民没有正常的渠道表达自己的意见、希望、利益、情感，矛盾就不能以和平的途径及时解决，积之既久，必然民怨沸腾，而即便民怨沸腾，专制制度也无法提供和平解决矛盾的途径，必然会引发暴力革命。中国数千年的历史，就是在专制与革命的不断循环之中展开的。若没有制度更新，中国就不能跳出这一循环。若没有虎视眈眈的列强，中国或许可以在这种循环中继续循环；但现在形势大变，再不主动跳出这种循环，中国就会被动地终止这种循环，即国亡而种灭。可见，专制制度已直接威胁到中华民族的生存。而宪政之下，人民有正常的渠道表达自己的意见、希望、利益、情感，可以直接或间接对政府施加影响，使之随时依据人民的意志改变政策、改良政府工作，矛盾可以及时化解，也就内在地提供防止革命的机制，因此政治可以稳定而有秩序地进步，国家可以长治久安。

章士钊更进一步指出，在专制政治之下，人民无权参与政治，他们的政治能力就永无提高之日。因此，专制政治是停滞的、僵化的政治，无论实行多长时间，国家社会都不会进步 。而宪政之下，人民有参政的机会，民智、民德能逐步提高，国家社会能不断进步，所以宪政也就开辟了国家社会进步的道路。

当时有人鼓吹"开明专制"。章士钊指出，专制只能是专制，不可能有开明的专制。他说，专制而开明，必须有一位如荀子所说的至强至辨至明的圣人。因为国家大事既繁重且重大，身任此事的专制统治者，必须要有极强健的体魄、极坚强的毅力、极强的能力；一国之内，地广人众，民情政情均极为复杂，统揽大权的最高统治者，必须有极强的分辨能力，既能及时掌握民情、政情，及时察知自己的政令是否被准确无误地执行，官僚是否有作弊、违背法纪、欺上瞒下之处，民众对政令的反应如何等；一国之内，人众地广，利益、希望、情感的分化极为复杂，专制统治者必须要有极强的认知、协调能力。可是，从理论与事实上看，这种人均不存在。

至于中国地广，不宜民主政治，此意见来自卢梭的大国不适合于共和政治说。但是，从法国、美国建立共和政治之后，这种理论已经不攻自破。确实，实行民主政治，需要一定的国民程度，但是国民的程度只能在民主政治的实践中得到提高，民主政治是国民程度的最好养成所。如果以人民程度不足为由，就不实行民主政治，那人民程度就永远得不到提高，中国就永远不能实行民主政治。任何一个国家的民主政治都是一个逐步发展的过程，没有天生就高度发达的民主政治，正如没有天生就是成人的人一样。

企图使久经专制统治的中国骤然间就能使自己的民主政治水平达到西方民主先进国家经过数百年的努力才达到的水平，是不现实的。以初出专制的中国实行民主政治，而没有达到西方民主先进国家民主政治现有的水平，而否定民国初年的民主政治的试验，这就如责怪一个婴儿为什么不能跑得像成年人一样快。其言荒谬，不值一驳。发表这种议论的人，不是别有用心，就是无知。而因民初民主政治的试验中有一些不尽如人意的地方，就说中国不能实行民主政治，就更加荒谬。在任何国家，民主政治在它开始时，都只能是少数人的民主，而不可能一开始就实行普遍的民主。

美国是当时最为民主的国家，章士钊即以美国为例。他说：美国可算是最民主的国家了，它的民主制度已经建立并发展了近一个半世纪，但是直到现在，美国的选民还只占其人口的1/5。中国国民的程度确实不如美国。但是，假如中国的国民程度只有美国的1/5，即每25人中有1人具备选民资格，那么中国就应有1600万选民。退一步说，中国的国民程度只有美国的1/25，即每125人中，只有1人具备选民资格，那么中国就有320万选民。又退一步说，中国的国民程度只有美国的1/125，即每625人中只有1人具备选民资格，那中国就有64万选民。再退一步说，中国的国民程度只有美国的1/625，即每3125人中只有1个选民，那么中国还有12.8万选民。假如说，中国连这12.8万选民都没有，那么中国就连专制统治都无法实行。因为即便实行专制统治，统治一个4亿人口的国家，也需要一个其人员比12.8万人要多得多的官僚机构。大多数中国国民的程度确实不够，但是不能否认其中有一部分精英分子具有参与民主政治的程度。中国应先建立民主制度，让这一部分精英分子按照民主制度的基本规范来运作国家权力，一面提高精英分子的政治能力，同时也使大多数人民的政治能力在民主政治的条件下能够得到逐步提高，从巩固民主政治的基础提高民主政治的水平。

章士钊的上述理论在当时曾经发挥了极大的战斗作用。直到今日，假如我们有耐心去细读他此期用欧化的古文撰写的论文，仍可从他那些力图剔除任何感情色彩的理性的文字中，感受到他澎湃的激情。可以从他朴实、严密而又晦涩难懂的逻辑文中，感受到他捍卫民主、批判专制文字的巨大能量。那是令任何专制统治者都颤抖的战斗的文字。

六、名噪一时的"调和立国论"

章士钊在《甲寅》月刊上的言论，最有特色的，不是捍卫民主、批判专制的言论，而是他鼓吹"调和立国论"的文字。

章士钊的调和立国论，其主要的理论来源是英国政治学家、法学家蒲徕士在其《政治学与法理学研究》中所阐述的"政力向背论"，以及英国保守主义政治思想家莫烈在其《论妥协》一书中所阐述的调和论。此外，中国传统中的中庸思想，君子"和而不同"的思想，也是他调和立国论的重要思想来源。不过，他的调和立国论，主要还是他在英国留学时期对英国政治社会进化道路的观察、体验的理论总结。

近代英国的社会政治进化道路是一种以和平有序的变革来实现社会政治进步的道路。这是在英国的保守主义与激进主义两大传统的相互制约中实现的。英国的保守主义并不是顽固地反对变革，只是对变革的进程与方式抱持审慎的态度，当变革成为必要时，它能及时接受或者实行变革。英国的激进主义强调变革，但是它又天生地含有传统主义的因素，总是以某种更古老的传统来为其否定传统寻找根据。激进主义总是拼命地把历史向前拉，但是激进主义在它拉动历史前进时，也处处受到保守主义的制约，使变革不至于过分激烈。同时，保守主义也能弥合激进主义各派力量的分歧，因为假如激进主义不能协调行动的话，那么面对保守主义的制约，几乎就不能进行任何变革，保守主义的存在就使激进主义的各派力量容易面对现实，协调自己的行动。所以保守主义与激进主义的相互制约就形成了英国式的进化道路。这种道路的特点是，保守主义与激进主义，不是谁吃掉谁，而是在变革中各得其所。渐进的改革，不仅是英国社会政治进化的方式，而且成了英国人思想中根深蒂固的价值取向，成为英国文化的重要组成部分。对于英国文化中这一独特的部分，章士钊有着深刻的体认，他十分羡慕英国民族"善用调和"的特性，他把英国式的发展道路作为一种理想的发展方式加以提倡。

还在为《帝国日报》撰写社论时，他就希望立宪派能充分利用清政府的预备立宪，以和平的途径确立宪政，对于是否必须要以革命来确立宪政，他是犹疑不定的。但面对顽固不化的清政府，章士钊对于能否以和平的方式确立宪政又没有把握，所以，他也承认，当必要时可以通过革命来确立宪政。不过，在他看来，和平的途径优先于革命的途径，只有在和平的途径彻底无望之后才能考虑革命。

中华民国建立后，章士钊希望中国的政争能够走上正轨，不要出现政走极端的局面。为此，他大力介绍政党政治的基本规范，一再强调"政党政治之唯一条件在听反对党意见之流行"。

二次革命失败后，在总结革命党在民初政争中的失策，批判袁世凯的专制集权，探讨中国走向民主政治之路时，章士钊将他渴望中国走上平稳有序的发展轨道的想法系统化成"调和立国论"。调和立国论包括政力向背论、调和立国论与政本论。

政力向背论：就像太阳系内存在着向心力与离心力一样，任何社会组织内都存在向心力与离心力两个作用相反的力。就像太阳系要正常存在，必须保持向心力与离心力的平衡，才能使各个星体在其应有的轨道上运转一样，一个社会要正常存在，也必须要保持向心力与离心力的平衡。任何社会都是无数团体与无数人组织起来的，各个团体，各个个人之间，其"意见、希望、利益、情感断无全归一致之理"。对于现存的秩序、制度、政策，总有人满意，也必有人不满，或者满意于此部分而不满意于彼部分。这满意就构成社会的向心力，是维系社会存在的力量；而这不满意就构成社会的离心力，是使社会分离乃至崩溃的力量。任何一个正常存在的社会都是以向心力为主体，但同时也存在一定的离心力。一个社会对于离心力，应当使它能够在法律范围内活动，为此应当让人们有正当而合法的渠道表达，实现自己的意见、希望、利益、情感。这样才能及时化解矛盾，使对现存制度、秩序、政策不满的人们不致在法律之外寻求实现自己利益、希望的办法，不致走向革命。假如一个社会对离心力采取排击的态度，不给对现存制度、秩序、政策不满的人们以合法而正当的渠道表达来实现自己的利益、意见、希望、情感，那么积之既久，矛盾必会尖锐化，这部分人就会铤而走险，以暴力革命的形式去谋求自己的利益。

调和立国论：由政力向背论，则立国应充分调和各方的意见、希望、利害情感，"使全国人之聪明才力得以迸发，情感利害得以融和"。只有这样，才能避免极端的革命，才能使和平的进化成为可能。所以他说："调和者，立国之大经也……政制传之永久所必具之性也。"实行调和，就要求掌握政治权力的人破除先入为主的成见，要求他们（对于掌权的激进分子来说）不能完全秉持理想主义的政治理想，不顾现实条件，完全不顾旧势力的反对，执意实行极端的新政，而是要采取迂回曲折的办法，逐步实现自己的政策，否则一意孤行，就必然会四处树敌，使守旧势力无路可走，被迫以暴力对抗变革；也要求他们（对掌权的保守势力来说）不要"抹杀生机，一意复旧"，顽固地执行旧政策，而应及时适应情况，进行必要的变革，否则会使不满旧政策的人们走向革命。

政本论：要想使国家社会能够在向心力与离心力平衡的轨道运转，实现调和立国，就应剔除"好同恶异"的习性，树立为政之本在"有容"的观念。他认为"好同恶异"是人性中残留的兽性，所谓专制就是"强人同于己"的"兽欲"。要使社会进步，就必须有办法或力量限制好同恶异的兽欲。所谓"有容"，就是承认人智有所不及之处，自己不是真理的化身，不得以同为是、以异为非；就是承认反对意见和反对派存在的合理性，并使之有合法而正当的表达渠道与活动地盘。他强调自由、平和、秩序的真正保障，不仅在多数人的决定权，更在少数人的反对权，他引用德国学者黎白丁（Lieber）的话，指出："国无适当之反对，欲使自由与平和及秩序并行不悖，殆不可能……共和国之自由，其根据安在？亦曰少数之一部分，甚且一个人，有无限之权利，得以适法之手段，运动多数，使之从己而已。故共和国之安全，与谓基于多数得其代表，宁谓少数者握有运动多数之权。"

章士钊指出，自清末以来，当权者皆不解政力向背之道、调和立国之理，这是中国不能平稳有序地实现政治体制转型的关键所在。清政府冥顽不化，一味守旧，不知及时因应时势进行变革，反而对要求和平改革的国会请愿运动进行镇压，结果"武昌一呼，势不可挡，信条十九无异废纸"。民国建立以来，政局之所以"扰攘不宁"，革命党之所以失败，二次革命之后，第三次革命又无可幸免，也是因为革命党与袁世凯都不解政力向背之道、调和立国之理。革命党不顾现实条件，企图在短时间内将旧势力扫荡殆尽，建立起理想的政治制度，实行极端的新政。结果不仅与国内的旧势力发生激烈的冲突，而且将辛亥革命后一度赞同革命的立宪派驱赶到袁世凯阵营，于是旧势力与原立宪派相结合共同排击革命党，"反动大起，国本以摇"。以袁世凯为首的旧势力在乘机收拾人心后，无视革命党的前车之鉴，极力排击国内的民主势力，企图清除一切反对力量，全面恢复专制统治。这必然引起新一轮革命。

如何才能使中国走出新旧势力辗转相排，反动与革命循环反复的怪圈，使新旧两大势力和平共处，在法律范围内和平竞争，从而使中国走上正常的宪政轨道。这是章士钊困心积虑所要解决的问题。他的调和立国论就是解决这一问题的方案。

要实行调和立国，就要求国内各派政治势力，尤其是掌权的政治势力，有"有容"之德，能容忍与自己政治主张不同的政治力量的存在。但是正如章士钊自己所说的"好同恶异"乃是人的本性，要克制这种本性，就必须有外在的力量来使人不能"好同恶异"，使人不得不"有容"。这外在的力量，最重要的就是要有两大大体势均力敌的政治力量，两大政治力量相互制约，谁都不敢也不能行极端之政策。这种力量章士钊称为"抵力"，其他的一些政论家，如张东荪、李大钊、李剑农等人则称为"对抗力""抵抗力"。调和立国既需要"有容"，也需要"抵力"，所以章士钊说："调和生于相抵，成于相让。无抵力不足以言调和，无让德不足以言调和。"但是，没有抵力，就不可能使人们有"让德"；反过来，没有"让德"，也不可能产生健全的抵力或对抗力，对抗力也就无法有合法的活动机会，政治上的离心力只有铤而走险。

所谓健全的对抗力，是社会、经济发展过程中逐步形成的，它以经济利益为核心，以宗教、民族、地域等关系为纽带而形成的各种利益集团。所谓让德，实际是民主观念、作风，它不是一朝一夕可以形成的。就所谓的对抗力来说，当时中国的资本主义经济还十分微弱，资产阶级还是一个与封建势力有着千丝万缕联系的弱小力量，无法与封建势力相抗衡；就所谓的"让德"来说，中国是一个久受专制主义统治的国度，人们所认同的政治观念还是诸如统一、集权等，即便是那些在理智上认同了西方民主政治的人，其行为方式依然是旧的，好同恶异、排斥异己的专制心理在他们心中仍然根深蒂固。所以，从总体上说，中国当时要实行调和立国有相当困难。从实际情况看，当时的中国，以袁世凯为首的北洋势力垄断一切权力，排斥一切民主势力，根本就不存所谓的"抵力"。国民党、进步党自己的权力丧失殆尽，自己一无所有，无可"让"的东西。政治主张截然对立的袁世凯与革命党之间，谁都没有"让德"，谁都不认同章士钊的调和立国论。袁世凯说，他掌权后最大的失误就是对革命党人过于宽容，国家权力没有及时集中，使得他没有及时以绝对的权力来施展他的"雄才大略"，结果政治纷争不已，国家建设难于开展，最终养痈遗患，导致二次革命。因此，他以后要吸取教训，以"大权统揽主义"为原则，大力集中权力。而革命党中的激进派在总结民初的失败时，则说当辛亥革命成功，同盟会掌握政权时，最大失策就是没有将旧势力彻底廓清，所以将来推翻袁世凯的专制独裁统治之后，要吸取这一教训，要将国内所有旧势力彻底扫荡干净。

章士钊指出，袁世凯坚持专制独裁，极力排挤民主势力，这并不可怕，因为通过革命推翻袁世凯的专制统治并不难。他真正担心的是，如果人民不解政力向背之道、调和立国之理，那么在革命成功之后，就不可能实行调和立国，中国又会重新陷入革命与反动循环反复的陷阱。所以，章士钊虽然十分清楚自己的调和立国论在袁世凯的统治下绝没有实行的可能性，但他仍然不遗余力地鼓吹调和立国论，就是要对人民进行民主思想的再启蒙，使人民明白使中国政治迅速走上正轨的唯一道路就是：调和立国。其用心十分良苦，眼光也很远大。

不过，章士钊并没有将调和立国的希望寄托在革命党中激进派身上。他希望革命党中的稳健派和进步党中真正信从民主政治的激进派联合起来，结成"清流大同盟"，共同反对袁世凯的专制统治，在倒袁之后，按照调和立国的原则治国，从而使中国政治走上正轨。他说，"愚有容之说，为用至广，必一国之人群解是道，然后为国可进于近世宪政之林"；但实际上其说理对象，"在国内之知识高层，如杨翼之、孟心史、丁佛言、汤斐予一辈人也"。这表现出章士钊强烈的精英主义倾向。

章士钊的调和立国论，是名震一时的名论，受到稳健派的广泛称誉。

七、护国军务院秘书长

章士钊希望避免革命，认为革命是"危道"，非到万不得已，最好不要革命。革命不仅会造成极大的破坏与极大的社会震荡，也未必能实现革命的目的，即建立民主宪政。对中国来说，革命还必须考虑，帝国主义列强会不会借机瓜分中国。与英国的保守主义势力知道及时因应时势进行变革不同，中国的专制统治者，从清政府到袁世凯，都冥顽不化，变革必须要用革命的形势来实现。所以，无论是清末预备立宪时期，还是在袁世凯统治时期，章士钊虽然不太赞成革命，但他也明白，对于中国来说，革命或许是必然的选择，所以当革命成为必然时，他也总是积极赞助革命。后来，他在一首诗中谈到他对革命的犹疑态度，说他"心非武力迹近之，举棋不定真堪鄙"。实际上，这是近代以来许多中间派人士对革命共有的态度。

当袁世凯接受"二十一条"之后，无情的事实教育了革命党中的稳健分子，欧事研究会一改缓进的主张，主张立即发动革命。当袁世凯复辟帝制的活动日趋猖狂时，进步党人也开始着手反袁的武装起义。反袁武装起义，必须要以军政实力为基础，因此，当时掌握着相当西南地方军政实权的西南地方实力派，就是反袁民主势力争取的对象。经过各方的共同努力，中华革命党、欧事研究会、进步党、西南地方实力派最终联合起来，结成了反对袁世凯的"清流大同盟"。1915 年 12 月 12 日，袁世凯公开称帝。同月 25 日，蔡锷在云南发动护国讨袁的武装起义，护国战争开始。

在联络各方共同讨袁的过程中，章士钊起过积极的作用。还在 1915年夏，他即和周孝怀一起受聚集在南洋各地的欧事研究会成员的委派，去拜会孙中山，商讨欧事研究会与中华革命党合作讨袁之事。他们向孙中山表示，欧事研究会希望与中华革命党捐弃前嫌，共同讨袁。孙中山接受他们的意见，并在灵南坂寓所宴请他们，冯自由、胡汉民、戴季陶、廖仲恺等在宴会上作陪，席间欢谈甚洽。席间，孙中山指着章士钊说："吾革命无成，因君不肯相助。"周孝怀忙问："先生此话怎讲？"孙说："行严左挈西林，右携克强，二力见辅，吾何功不成？"这里的西林是指岑春煊，克强是指黄兴。章士钊赶忙解释说："公何言之易也！西林吾新相识，孝怀则旧主宾，性习盖深知之。此公岂容易听人指挥者？夫彼为逊清遗老，原与吾党无瓜葛谊，一旦强之濡迹，相牵亡命，吾党不仅无一语相慰，且骂之为官僚，排之不令预事，吾有何面目，更为耳语，使趋事公？至克强与公共事尔久，忠心耿耿，人无间言，今虽稍有痕迹，然吾敢保公有命令，彼无不从，何待有人从中牵曳为？"话虽如此说，章士钊后来还是在推动岑春煊参加护国战争中起了积极作用，后来又成了岑春煊的政治智囊。

当护国战争发动后，岑春煊策动广西的陆荣廷参加讨袁，陆以缺乏军械为辞，岑乃于1916年初携章士钊赴日本活动。时日本政府见袁世凯即将倒台，乃于3月下旬同意借给岑春煊100万日元并装备两个师的炮械。岑春煊、章士钊即携带这部分饷械秘密经香港回国。4月14日，抵澳门，19日抵达肇庆。5月1日，岑春煊通电全国宣布在肇庆成立两广护国军都司令部，自任都司令，以梁启超、李根源为正副都参谋，章士钊为秘书长。岑春煊就职时表示讨袁决心："袁世凯生则春煊必死，春煊生则袁世凯必死。"两广都司令部成立后，未曾发挥实际作用，而独立各省除两广之外，都没有参加，为了统一各独立各省的行动，岑春煊、梁启超等乃组织军务院，遥奉黎元洪为总统，以唐继尧为抚军，岑春煊为副抚军，以蔡锷、梁启超、陆荣廷等为抚军，章士钊任军务院秘书长。军务院是一个具有临时政府性质的机构。军务院的成立及其活动在护国战争中有非同寻常的意义：它是在袁世凯被迫宣布取消帝制后，又玩弄和谈阴谋，企图继续窃据总统之位时成立的。成立之后，又对袁展开了一系列政治、军事攻势。上海的《时报》曾指出："北京政府所惧者，南方军务院之组织已俨然一临时政府。从前南方实力虽大，尚无统一之机关，北方尚有城社可凭。今如此，则所谓中央政府已复无奇货可居。又接连报告，南方一面依法戴黎（即依照《中华民国临时约法》拥戴黎元洪为总统），一面通告各国驻京公使废止北京政府，此等消息较之某省独立、某地失败之惊报，何啻十倍。"

军务院成立后不久，章士钊即受派赴上海活动。章士钊在上海的寓所立即成了各派人物经常聚会的场所。吴稚晖回忆说："黎元洪由副总统代任大总统时代的内阁，即定于上海霞飞路章（士钊）先生的宅内。陈（独秀）先生却像演赤壁战：章先生充作诸葛亮，他充作鲁肃，客散之前，客散之后，只有他徘徊屏际。"这里说的是 1916 年 6、7 月间的事。1916 年 6 月 6 日，帝制自为的袁世凯暴病身亡。6 月 7 日，黎元洪以副总统继任总统。此后，南方护国阵营与北方的北洋军阀围绕恢复《临时约法》还是继承袁世凯的《中华民国约法》，召集民国二年的旧国会还是召集新国会，内阁组成等问题，发生激烈的争执。章士钊当时在上海就代表岑春煊就这些问题与各方力量协商，经南北双方反复协商，以段祺瑞为总理的内阁中容纳了不少国民党人以及亲国民党的进步党激进分子，南方则结束护国军务院，实现南北统一。

1916 年 7 月 14 日，军务院宣布撤销。7 月 21 日，章士钊受岑春煊之委派到北京会见黎元洪，商谈有关善后问题。章在怀仁堂黎元洪的办公室见到了黎。言谈之余，黎握住章的手说："民国二年，你到武昌劝我反袁，说袁有复辟帝制之心，我尚指天画地担保袁无复辟之心，现在想来，实在愧疚。"

第四章

徘徊在政治与学术之间

一、政治改造优先论

当章士钊主编《甲寅》月刊，大力鼓吹调和立国论时，中国思想界正在酝酿着一场重大的转折。其时当二次革命失败之后，袁世凯大权独揽，专制权力笼罩一切，"权氛之所至，自男女不能相易以外，盖无不能。其稍稍得以制限之者，亦祖先传来之习惯及流俗所信之瞽说而已"。配合着政治上的专制独裁，思想文化领域更是乌烟瘴气，对民主政治的诽谤与对专制集权的讴歌自不必说，祀天又成了政府的大典，尊孔之论洋洋盈耳，甚至有人主张恢复科举与谥法。辛亥革命对普通人的思想与生活的触动实在有限。习惯于专制独裁统治的普通民众，对于袁世凯的专制独裁没有反抗的自觉，对于民主势力争取民主斗争，也是局外旁观。面对着黑暗的时局和麻木不仁的人心，失去了合法的活动地盘、无法以正常渠道进行政治改革的民主人士，只有两条道路，一是继续进行革命，二是进行社会改造，尤其是谋求在思想文化领域为民主政治打下一个良好的基础。首先由政治改造转向社会改造的，是一些失去了合法的政治活动地盘，追求民主政治，但又不相信革命可以在中国确立民主政治，而希望避免革命的温和派人士。然后一些革命党人如陈独秀等人，也完成了这一转变。可以说，二次革命之后，由政治改造向社会改造转变，是中国思想界一个相当重要的转变。

1914年4月，张东荪发文指出：政治革命必须以社会革命为基础，中国的政治革命之所以不能成功，就是因为政治革命超前而社会革命滞后。他说，中国不应单单从事政治革命，而应由政治改造转向社会改造。1915年2月，他更明白地指出：应当从健全人民之人格入手，改造中国。与此同时，梁启超也提出类似的思想。他说，社会是政治的基础，中国的民主政治之所以失败，就是因为没有具备必要的社会条件，所以应当暂时放弃政治改造，甚至不谈政治，而一心一意从事"社会事业"。1914年11月，黄远庸在其著名的《忏悔录》中说："欲改革国家，必须改造社会。欲改造社会，必须改造个人。社会者，国家之根底也，个人者社会之根底也。"并且提出要提倡独立自尊，提倡神圣职业，提倡人格主义。以后，他又在给章士钊的信中提出，应借鉴西方以文艺复兴为中世纪改革之张本的经验，从提倡新文学入手，以"浅近文艺"普及新思潮，使普通民众能够"与现代思潮相接触而促其猛醒"。同时，其他人比如陈独秀、胡适等人，都有类似的思想，陈独秀则于1915年8月创办了《青年杂志》（后改名为《新青年》），张出科学与民主的大旗，以改造国人的思想，塑造新青年为职志。应该说，这种思想转变有其相当的合理性，这一转变是五四新文化运动兴起的前奏。

但是，作为当时极有影响的政论家，章士钊却对这一转变不以为然，他强调首先应当进行政治改造。他的理由是：第一，政治与社会，互相制约而又互相促进，但其中起决定作用的是政治。没有善良的政治，就不可能培养出健全人格的国民。不改造政治，而想专从社会改造着手培养出健全人格的国民，是不可能的。可见，章士钊强调制度具有决定性的作用。

第二，中国现在专制权力笼罩一切，政治权力已侵及社会生活的各个领域，已没有所谓的社会了。要从事社会改造，就必先从恶政府控制之下将若干事务划定为政府不能干预的"社会"事业，而这又必须向恶政治宣战。比如禁止鸦片，可算是社会问题了。然而政府为了筹集军饷，却不遗余力地迫使人民种植吸食鸦片，中国人丧失了不吸鸦片的自由。

第三，中国的民族危机十分严重，若不首先进行政治改造，而是脱离政治改造而专门从事社会改造，那么在人民专心致志从事社会改造之时，那些可牛可羊的人物创为非驴非马之国制行其不东不西之政策，国家早已灭亡了。所以即便要从事社会改造，也必须同时进行政治改造，否则等社会改造完成，国家也灭亡了，这种社会改造毫无意义。紧迫的民族危机深刻地影响着中国近代进步人士对救国方案的选择，章士钊也不例外。

第四，民主政治只有在试验中才能逐步发展。脱离政治改造和民主政治的实践，而纯粹从社会领域为民主政治准备条件，以期一旦条件成熟，就能建立与西方的民主政治一丝不爽的民主政治，这违背了各国民主政治发展的基本规律。

第五，民主政治首先只能是针对少数精英的，所以政治改造首先是创立民主的制度，让精英有实践民主政治的机会，而后由这班精英在民主政治的基本规则之下，运作政治，并逐步提高一般民众的政治能力，扩大民主政治的范围，提高民主的程度。中国现在并不是没有实践民主政治的足够的精英，而是专制制度使现有的精英没有发挥其才能的机会，所以中国目前的任务首先是创立民主制度，使国内现有的优秀分子得到试验民主政治的机会。这里表现出章士钊浓厚的精英政治思想。

政治与社会本是互相制约的一对矛盾，究竟将主要精力放何处，这要由具体的历史条件来决定。当时，中国在袁世凯的专制独裁统治之下，大权笼罩一切，中国人最直接的问题是推翻袁世凯的专制独裁统治。章士钊坚持首先要解决政治问题，有其合理性。而梁启超、黄远庸等人的主张，尚没有实行的条件。

袁世凯倒台之后，在军阀割据的夹缝中，思想言论有一定的自由，思想改造也有一定的条件，在直接的政治改造没有出路之后，社会改造尤其是思想解放运动作为一个间接的救国手段，被推上了历史前台。但是章士钊并没有及时从政治制度决定论中转变过来，没有从事思想文化改造的事业，而在政治与纯粹的学术研究中徘徊。

二、调和立国的尝试

如果说，《甲寅》时期，章士钊主要是论调和之理，而非设计调和之方，那么，护国战争之后，其调和立国论的重点就转向了设计调和之方。

护国战争中一度出现章士钊期望的"清流大同盟"。护国战争后，大权笼罩一切的局面被打破，出现了章士钊所说的"抵力"：在中央，被袁世凯解散的国会重新召集，国民党与进步党都重新在国会活动，对以段祺瑞为首的北洋政府形成一定的制约，而且总统黎元洪与内阁总理段祺瑞之间也有矛盾；在中央与地方之间，北洋军阀与西南地方实力派也相互对峙。为恢复秩序，无论是国民党、进步党，还是西南地方实力派，甚至是北洋军阀，都作出了一定的让步，也表现出一定的"让德"。正是在这种情况下，章士钊觉得可以实行调和立国。因此，一段时间中，坚持政治改造优先论的章士钊积极进行政治活动，他似乎看到政治改造成功的希望。

1912 年 4 月，临时参议院北迁时，湖南都督谭延闿曾推举章士钊作为临时参议员，但章士钊并未就任。护国战争后，国会恢复，章士钊递补为参议员，参加国会活动。为继续鼓吹调和立国，1917 年 1 月底，他又和李大钊、高一涵在北京创办《甲寅》日刊。

国会恢复后，除选举副总统，通过段祺瑞内阁外，主要讨论两件大事，一讨论"天坛宪草"，二讨论对德宣战问题。但国会恢复后，马上出现严重的党争，原本勉强结合的"清流大同盟"公开分化。其实，所谓清流大同盟自始就有裂痕。还在国民党与进步党合作讨袁时，在广东组建的军务院就将中华革命党排斥在外，而梁启超被推举为军务院抚军，也遭到一些旧国民党人的强烈反对，他们深恐倒袁之后，梁启超大权在握，对己大不利。袁世凯垮台后，进步党人又故态复萌，回到假借北洋军阀以排击革命党中

章士钊摄于 1917 年。

之激烈分子的道路。大部分进步党人组成了宪法研究会（通称研究系），在政治上追随段祺瑞。而旧国民党人以及接近国民党的进步党激进分子，则先分化成丙辰俱乐部、客庐系、韬园系，而后又组合为宪法商榷会，到1916 年 11 月，商榷会又分化成政学会、益友社、丙辰俱乐部、韬园系。商榷会在政治上，支持黎元洪与段祺瑞对抗，并且在一定程度上代表西南地方实力派。由于深刻的历史积怨，由于各自的政治利益与政治策略不同，研究系与商榷会在制宪与对德宣战问题上，长期争执不下，甚至在国会会场发生武斗。

在制宪问题上：关于内阁与国会关系，商榷系为限制北洋军阀控制的中央政府，主张两院制，扩大国会权限；因担心政府一旦解散国会就不再召集国会，而使民主政治失败，又反对内阁有解散国会之权。而研究系则主张一院制，并主张减少议员名额，主张内阁应有依法解散国会之权。关于地方制度，商榷系为反对北洋军阀的专制集权，维持南方实力派控制的地盘，主张把省权、省长民选等问题规定于宪法，他们的主张得到南方实力派以及各省议会的支持。而研究系则反对省制加入宪法，尤其反对省长民选，他们的主张得到各北洋督军的支持。在对德绝交、宣战问题上：段祺瑞为借对德宣战之机，筹得经费，以扩充军队，以便以武力消灭西南地方实力派，实现武力统一，极力主张对德宣战。研究系紧跟段祺瑞，主张对德绝交、宣战。孙中山自始就主张中国在世界大战中保持中立，反对对德宣战。他的主张在国会中得到商榷系中的丙辰俱乐部和韬园系的支持。而益友社以及政学系则主张：对德问题可以做到绝交，但不能对德宣战。

章士钊在这两个问题上都有自己独立的主张。在制宪问题上，他的意见近于研究系，而不同意商榷系的主张。他主张一院制，认为中国既不存在贵族阶级，就不应存在代表贵族利益的上院；既未实行联邦制，就不需要代表各邦利益的参议院。这是他的一贯主张。关于国会与内阁的关系：他承认商榷系对北洋军阀的担心有根据；但他认为，每一种制度都有其独特的精神，不能因人立法，改变这一制度的基本精神。就内阁制而言，国会对内阁的不信任投票权与内阁的解散议会权，相辅相成，缺一不可。中国既行内阁制，就当遵循内阁制的基本原则。如只给国会以不信任投票权，而不给内阁以解散国会之权，则就会出现，一方面国会滥用权力，动辄反对政府政策，或是动辄提出不信任投票，结果内阁频频改组，政府无所作为；一方面内阁会对国会的弹劾、反对、不信任毫不理会，或者强行解散国会。这样的话，内阁政治就没有任何意义。如政府实在恶劣，对政府解散议会的种种限制就根本没有作用。章士钊从理论上坚持保持内阁制的基本精神，反对因人立法，无可非议。

对于研究系与商榷系在宪法问题上的争执，他希望在国会中占据多数的商榷会应注意政治道德，适当容纳研究系的宪法主张，这不仅是因为研究系的若干宪法主张合乎法理，更因为革命、立宪两派的离合与中国政治的发展有着莫大的关系。他心情沉重地说："愚尝考两系离合之历史，而决其于国家之安危有至密切之关系焉。辛亥之役，两派联合而大功告成。民国二年，不幸而分，遂乃次第毙于袁氏铁腕之下，而清流之政治生涯中绝。洎护国军兴，蔡、唐、岑、梁（指蔡锷、唐绍仪、岑春煊、梁启超），并起力，而帝制以倒。数月以来，两派之精神又稍稍离矣，悲叹不平之声，辄复潜起，此乃政界之大悲观，愚诚私心窃痛者也。宪法问题生此纷扰，明明为两派未能推诚协商之证迹。过此以往，两派将益无调和之机，前路险巇，乃不可限量。"章士钊对于革命、立宪两派的分合与清末民初中国政局的关系的认识相当准确。辛亥革命胜利后，章士钊就希望同盟会联合原立宪派，共同对付袁世凯。护国战争之前，他又希望两派联合。现在，对于清流大同盟寄予很高希望，对两派分裂之后中国前途十分担忧的章士钊，又希望两派本着公忠为国的精神，富于妥协精神，求同存异，联合起来，共同推进中国的政治改造。然而，历史积怨与现实政治利益终究战胜人们的理智，两派又一次走向分裂。从以后的事实看，两派再没有联合起来，中国的政治也就愈益难为。这不能不说是莫大的悲哀。对于一向强调精英的理智在政治进化中的作用的章士钊来说，这实为莫大的打击。

在对德外交问题上，章士钊反对段祺瑞政府对德绝交、宣战的政策，这又近于商榷会的主张，而与研究系对德宣战的主张针锋相对。他的主张，基本是他从国家利益的角度进行理性思考的产物，没有什么党派背景。他的主要理由是中国能够生存，并不是基于中国的国力，而是基于列强在华的均势，中国对德绝交、宣战就是自己打破这种均势。这和当时许多反对参战的人士的认识是一样的。对于段祺瑞政府在外交政策上的独断专横，章士钊也屡屡提出批评。不过，当政府宣战决心已决，国会只通过对德绝交案而坚不通过对德宣战案的情况下，他又呼吁国会支持政府的外交政策。他担心，如国会坚不同意宣战，段政府会强行解散国会，"摇撼宪法之基础"。

后来的事实也证明他的担心并非多余。后来段祺瑞因对德宣战的政策不能通过于国会，乃借张勋以解散国会，演出了张勋复辟的闹剧。

1917 年 3 月，当国会通过段政府的对德绝交案后，他提出了一个具体的方案——"创设特别国务会议增设不管部之国务员"，以容纳各派势力，调和各方的意见、利益、希望、情感。他认为，面对严峻的外交、军事局面，段祺瑞内阁中除段以外，缺乏足以代表各种特别势力之首脑人物，所以其决策很难获得广泛的认同，难以贯彻；加以各国务员皆管有专部，部务繁重，难有精力考虑重大国务。因此他建议效仿英国在"一战"爆发后的做法，创设特别国务会议，增设不管部国务员。该特别国务会议应当由足以代表国内各重要政治力量的首领人物组成，参加者不管专部，不参加普通内阁的国务会议（但兼任普通内阁总理者除外）；但所有的军国要政都首先经特别国务会议讨论通过，"再行报告普通国务会议，使赞同焉"。他并且提议，参加特别国务会议的人选：代表北洋势力的段祺瑞、王士珍，代表进步党势力的梁启超，代表国民党势力的唐绍仪，代表西南实力派的岑春煊。除国务总理段祺瑞外，其他四人都由总理提名，经国会同意，再由总统任命。也许是为了避免刺激段政府，他在正式提出这一方案时，并没有提到孙中山。但在《甲寅》日刊上的一篇文章中，他提出，足以代表北洋政府之外的政治力量的"中心人物"有康有为、孙中山、岑春煊、唐绍仪。

章士钊提出这个方案的目的是，借政府决定对德绝交之际，以宣战事关重大、必须有各方参与才能举国一致为由，要求段政府开放政权。这确是一个不错的调和方案。章士钊在《甲寅日刊》上专开栏目，讨论这一方案，一时政论名家如李大钊、高一涵、李剑农等，均撰文发表意见。然而要段政府开放政权等于是与虎谋皮。这个调和方案虽然一时引起了人们的广泛讨论，但最终泡汤。

三、北大课堂讲逻辑

经过一段现实政治活动后，章士钊深感理论与现实间的差距，十分灰心，"渐厌政治，将事学术"。于是他就此进入北大。

章士钊在北大担任逻辑学教授，同时任图书馆主任（即馆长）。他主要讲两门课，一是在学术讲演会讲授"论理学"（即现在所说的逻辑），一是在哲学研究所讲授"逻辑学史"。章士钊留学英国时，专门研究过逻辑，后来又致力于整理中国古代的逻辑思想，尤其是整理墨学中的逻辑思想。值得一提的是，logic 这个词，原来人们把它译作"名学""辨学""论理学"，章士钊在 1909 年就指出，这些译法都不足以概括 logic 一词所指的内容，他反对"以义译名"，力主"以音译名"，把 logic 译作"逻辑"。这是他对比中西逻辑思想的异同之后得出的结论，有相当的学理根据。这一主张起初并没有为大家接受，他在北大讲学时，逻辑在课程表上还被称作"论理学"。后来，他一贯倡导的"逻辑"这一译法，取代了曾经风行一时的"名学""论理学"等译法，为学术界普遍接受，成为定名。可以说，逻辑一名的厘定是章士钊对于中国近代逻辑科学的重要历史贡献。

由于是曾经名噪一时的大政论家，又对逻辑以及中国逻辑思想史造诣精深，章士钊在北大开的课极受学生的欢迎。高承元（即高元）后来记述他那时听章士钊讲课的情形："七年（即民国七年）先生讲逻辑于北京大学，时承元肄业于法政专门学校，兼为北大旁听生，闻讯喜出望外，趋往则门户为塞，坐无隙地，盖海内自有讲学以来未有之盛也。翌日乃易大教室，可容四五百人，拥塞如故。学校执事者，乃使人到教室户外检听讲证以限之。当时习尚，尝闻学生有注册而不受课者，未注册而争入教室受课，则未之闻也，有之自先生讲学始。承元得讯较晚，未及注册，而额满见摈。至是大窘，计无所出。乃挟所著《辨学古遗》谒先生，自白治逻辑之专，请特许，先生本其善诱之衷，备加奖掖，立赐短简，乃得注册。自是益潜心受课，凡先生所讲笔不辍录。当是时学校不颁讲章（即指讲义），而受业着复为教室所限，一时北平学子欲窥其堂奥而无从者尤多，承元乃间撮取要旨，布于校中刊物，以慰同学之望。"可见当日学生选课的热烈。当日同高承元一起听章士钊的逻辑课的还有张申府、傅斯年、罗家伦、吴敬轩等人。

在北大，章士钊积极参加各种组织。为加强北大的教材建设，推动学术研究，章士钊向校长蔡元培建议组织编译会，以编译西方学术著作。蔡元培接纳这一建议。1917 年 12 月，北大正式组织起编译会，后改名为北大编译处，章士钊与陈独秀、胡适等七人当选为评议员。当选票数是：章士钊 27 票，王宠惠 27 票，秦汾 23 票，夏元瑮 20 票，胡适 19 票，陈独秀 15 票。1918 年 3 月，章士钊还曾南下上海，代表北大编译处与商务印书馆签订出书合同。合同规定，北大编译处每年为商务印书馆提供 200 万字左右的著作或译著，由商务印书馆负责出版，并规定版税、版权、版式等方面的有关事宜。如果这一计划得到了很好的执行，那么就可以翻译一大批西方学术著作，也可以极大地推进北大的学术研究工作。由于种种原因，这一合同后来没有得到很好的执行。

1918 年 1 月 19 日，蔡元培在北大发起组织"进德会"。该会的入会标准是：甲种会员，不嫖、不赌、不娶妾。乙种会员：于前三戒外加不做官吏、不做议员。丙种会员：于前五戒外加不吸烟、不饮酒、不食肉三戒。章士钊知道自己不能做到不做官吏、不做议员两戒，所以他以甲种会员的身份入会。据 1918 年 6 月 3 日的《北京大学日刊》记载，章士钊与蔡元培、陈独秀、王宠惠、沈尹默、刘师培当选为"进德会"评议员，李大钊被选为"进德会"纠察员。

1918 年 2 月 25 日，胡适、郑阳和发起"成美学会"。该会宗旨是协助那些敏而好学然家境贫寒的学生，完成大学学业，以为国家多造人才。章士钊和蔡元培、王景春共同充任该会的"赞助人"，并共同为该会捐款。

　　章士钊在北大任教时，还有两件事特别值得一提，一是他推荐李大钊进入北大，接替他担任图书馆主任，一是他推荐他的老友杨怀中进入北大任教。

　　李大钊是中国共产党的创始人之一，是中国最早运用马克思主义世界观来观察国家命运，寻求国家出路的一个思想家、革命家。章士钊对李大钊的成长曾经起过十分重要的作用。朱成甲先生在其《李大钊早期思想与近代中国》一书中曾系统地考察了李大钊与章士钊的关系，指出："在李大钊前进的道路上，还没有任何一个人像章士钊那样给予了他那么多、那么大的影响和帮助！"这一论断十分中肯。

　　章、李二人于1914年夏在东京结识。章士钊晚年回忆他们初次见面的情形说："1914年，余创刊《甲寅》于日本东京，图以文字与贤豪接，从邮件中突接论文一首。余读之，惊其温文醇懿，神似欧公（指欧阳修——引注），察其自署，则赫然李守常也。余既不识其人，朋友中亦无知者，不获已，巽言复之，请其来见。翌日，守常果至，于是在小石林町一斗室中，吾二人交谊，以士相见之礼意而开始，以迄守常见危致命于北京，亘十有四年，从无间断。"李守常就是李大钊。章士钊在同一篇回忆中说道："在东京，余曾戏问焉，曰：'守常者为君名乎字乎？'曰：'字耳。'""然则文稿中君何不署名？君怃然为问曰：'投稿于《甲寅》，吾何敢与先生同名？'吾因知守常之本名大钊，执手绳其过迂，一笑而罢。"

　　其实，还在章士钊主办《独立周报》时，当时在北洋法政学堂读书的李大钊就是他的热心读者，他对章士钊"敬慕之情，兼乎师友"。仔细研究这时期李大钊发表的言论就可以发现，他的思想主张与章士钊的主张十分相近，显然受到章士钊的影响。章士钊在东京办《甲寅》时，李大钊正在东京留学。自结识章士钊后，李大钊就与高一涵一起成了章士钊主办《甲寅》月刊的左膀右臂，是时海内高、李齐名，人称"甲寅派"。从结识章士钊后，李大钊即深受章士钊倡导的"朴实说理"的文风的影响，他的文章的学术性逐渐加强；1914 年到 1917 年前半年，李大钊的文章中大部是在阐述章士钊提出的一些主张，比如调和立国、为政之本在有容、如何养成健全的对抗力等。章士钊广博的学术造诣，对中国民主政治诸问题的深邃而独到的见解，对李大钊产生了重要的影响。由于章士钊同国民党人联系十分紧密，又有着十分广泛的社会关系，和章士钊相识，使李大钊摆脱了以前北洋法政的那个小圈子，进入了一个全新的社会关系。这在李大钊一生中是一个十分重要的转折。1917 年，章士钊又邀李大钊一起办《甲寅》日刊。

章士钊进入北大不久，就向校长蔡元培以及文科学长陈独秀推荐李大钊到北大接替他担任图书馆主任一职。进入北大，是李大钊人生又一重大转折。他自此摆脱了政客集团的政治纷争，而进入了新文化运动的核心阵营，他在与新文化运动诸精英分子的交往中，在北大的学术氛围中，不断吸收新思想，不断探索，成为一个马克思主义者，成为中国共产党的创始人之一。

杨怀中是章士钊英国留学时期的老同学。进入北大不久，章士钊就推荐杨怀中到北大任伦理学教授。1918 年 6 月，杨怀中举家迁到北京。1918 年 9 月，毛泽东由湖南到北京，经他的老师杨怀中推荐，进入李大钊任主任的北大图书馆。在北大图书馆工作的几个月，毛泽东有机会阅读了大量的介绍新思潮的书刊，参加北大师生组织的各种学术活动与政治讨论活动，并有机会时时向李大钊请教，由此接触并开始了解马克思主义。后来，毛泽东自己回忆说："我在北大图书馆当助理馆员的时候，在李大钊手下，很快地发展，走到了马克思主义的路上。"

由此看来，章士钊推荐李大钊与杨怀中进入北大，对两个重要历史人物李大钊与毛泽东的人生道路有着非同寻常的影响。这大概是章士钊执教北大时，连他自己都根本未曾想到的事。

四、南下护法违心意

去北大任教前，章士钊曾打算三年不问政治，并且一再劝告岑春煊"从容养望，不可妄动"。但身在学府的章士钊并没有忘怀于政治，相反他一直"萦心于政治"。

张勋复辟后，孙中山在广州举起护法的旗帜。部分国会议员在孙中山的号召下纷纷南下广州，并于1917年8月召开国会非常会议。9月，护法军政府成立，孙中山被选为海陆军大元帅。但孙中山手中并无一兵一卒，只能依靠他并不信任的西南军阀，而西南军阀并不需要约法与国会，只是想以护法为旗号，对抗北洋政府的"统一"政策，保持自己的地盘。而护法国会内部则派系林立，有亲近桂系军阀的，有追随孙中山的，有亲近唐绍仪的。1918年下半年，护法国会递补缺席议员，改成正式国会。与此同时，在北方，北洋政府也于1918年操办一次"国会选举"，并组织起安福国会。在南方，以孙中山为首的民主派与西南军阀之间，存在着不可调和的矛盾，在北方，皖系军阀与直系军阀也存在深刻的矛盾。于是出现两个政府、两个国会，南与南不和，北与北不和，南北复不和的局面，国家陷入军阀混战的泥坑。至于南北两个国会都丝毫不能代表民意，而成了政客蝇营狗苟之所。

1917年下半年和1918年初，岑春煊耐不住寂寞，意欲重新出山，一再电邀章士钊南下商量对策。章士钊曾拒绝岑春煊的邀请，并致函岑春煊，指出桂系并不可靠，旧国会已经腐败，重新召集既不能代表国民之意思，也不会有号召力，要岑氏安于退隐的生活，不要出山。后来，岑春煊在给一位护法国会的议员写信时，透露章士钊此函的内容，这封私人密信就此公开，章士钊由此得罪南方的国会议员。但岑春煊觉得西南护法依靠的西南军阀（尤其是桂系军阀），与他有很深的渊源，加上他在二次革命以及护国战争中，都曾是国民党的盟友，在一些国民党议员尤其是在政学系中，很有号召力，他出山的话，可以获得不小的政治利益。岑春煊终于没有听章士钊的劝告，相反，他雄心勃勃，积极策划，要取代孙中山而成为护法军政府的首脑。1918 年 5 月，经过他的幕后策划，在桂系军阀和滇系军阀的直接操纵下，广州的护法军政府进行改组，孙中山受排挤，岑春煊上台。岑上台后，即屡以急电招章士钊南下，并且在章士钊未曾同意的情况下，将任命章为军政府秘书厅厅长的任命令公诸报端。那时，章士钊还在北大任教，就住在北洋军阀的眼皮底下。

这样一来，章士钊十分被动。当时他名义上已是南方护法军政府的秘书长，所以不仅他供职的北大十分不满，而且北洋政府已派密探在他住宅周围巡逻，监视他的一举一动。一则由于害怕这突如其来的任命，会使他遭北洋爪牙的暗害；二则他自己其时也一直未曾忘怀于政治，再加上那时的章士钊已经年届不惑，人变得越来越世故，已没有以前拒不加入同盟会、国民党的刚愎之气，他感到："人生在世，所需于友，即在患难与共。今西林（指岑春煊）有难，吾倘坐视不理，纵人不责，吾之神明亦且自疚。"而且他对岑春煊一直感觉不错，老于官场的岑对章士钊十分恭敬，章士钊后来回忆称："吾自民国二年与西林（即岑春煊）相知，以至二十四年委化，前后直二十四年强，不论会议抑或互谈，凡张口必称先生，无或偶致差牾。计西林长吾二十岁，其持态之恭如此，真使人惭愧无地。"岑春煊的恭敬，让章士钊很受用。因此，虽不乐意，他还是南下追寻岑春煊。

那时他在北洋密探的监视之下，很难秘密出走，因此他决定公开出走，直接去找当时北洋政府的实权人物段祺瑞。段祺瑞那时抱定武力统一的政策，正要用武力消灭西南地方实力派。章士钊觉得此人虽未必能动之以情，但可以晓之以理。而且国会通过对德绝交案之后，章士钊曾在国会内和媒体上积极支持段祺瑞的外交政策，他认为段对自己的印象不坏。于是他直接去见段祺瑞，说他要到南方去当护法军政府的秘书长，希望段放行，不要留难。段祺瑞直截了当地对他说："我现在正对南方大举用兵，再过几天，我的部队就可以攻下潮汕，潮汕一下，广东全省就动摇，广东的护法军政府也就难以立足，你又何必这时候急急忙忙到那边去凑热闹，当炮灰呢？"经过章士钊再三解释，段祺瑞还是同意让章士钊南下。

当年暑假，章士钊奔赴广州任职。此番从政，他由一个鼓吹民主政治、坚信民主政治的政论家变成了一个政客。当时南方的护法阵营存在着以孙中山为首的真诚护法的民主势力与以岑春煊、陆荣廷为首的以护法的旗帜以维持割据势力的西南实力派，在两大势力的斗争中，章士钊在许多重大事情上都追随岑春煊，章士钊对民主政治的热情已经大大地削弱，而对岑春煊个人的忠诚则在很大程度上支配了其行动。章干钊的个人生活也越加消沉。章士钊有很重的名士气，生活不拘小节。梁漱溟晚年回忆说，他年轻时，三个人对他的影响最大，一是梁启超，二是他舅舅张耀曾，三是章士钊。章士钊在《帝国日报》《民立报》《独立周报》《甲寅》月刊发表的论文，他大都读过，十分喜爱章士钊所鼓吹的民主理论以及章士钊特立独行的品格，对章十分地仰慕。护国战争后，章士钊到北京时，他曾怀着崇拜之意去拜访过章。说起这次拜访，梁漱溟说，他以为当国家多难之际，有心人应当刻苦自励，为国奋斗，但章士钊以多才而多欲，细行不检，这让他十分失望。章士钊南下追随岑春煊之后，生活愈加不检点。1919年3月，章士钊在上海，陶孟和到上海办事，曾数次去拜访他，都找不到人。陶在给胡适的信中说到章士钊的堕落："在沪竟未晤得行严，彼终日赌博奔走，恐不能救药矣。"

　　章士钊沉浮宦海时，杨怀中曾在病中致函，劝他"翻然改图"，尽早退出政治旋涡，从事学术文化事业。信中说："政治旋涡中诚非吾辈所应托足，无补国事，徒有堕落人格之忧，谓宜飘然远引，别求自立之道。今日之事当从底下做起，当与大多数国民为友；凡军阀政客，皆不当与之为缘。不当迎合恶社会，当造新社会；当筑室于磐石之上，不当筑室于沙石之上。吾辈救世唯赖此一支笔，改革思想，提倡真理，要耐清苦、耐寂寞。望翻然改图，天下幸甚！"这封信大约写于1919年9、10月间。这封信对章士钊触动不小，加以那时章士钊正因鼓吹新旧调和论遭到广泛批评。因此他决定退出政治旋涡，重回学术事业。他准备留学欧洲，并在欧洲办一个编译机构，专门介绍欧美文化。

　　10月底，他由上海到广州交卸南北议和代表的职务。11月，他向报界发表谈话，说已买好去法国的船票，近期就去欧洲留学，并说明他回归学术的动因与出国考察的目的、规划："愚自信于政治生涯最不相宜个人生活，当发挥其所长，以愚粗有知识，能从此努力攻讨，较之毫无素养者，或事半功倍，故愚决抛弃一切，重理旧业。且愚自今夏大病后，生死利害关头看得透破，觉今日以前有多少错误，今后非另辟一种新生活不可。起视吾国政治纷乱已极，至少非两三年不能寻着头绪，若仍埋藏于现在生活之中，混混沌沌过去，则上无成绩可言，而知识道德已不知堕落到若干地步，彼时学术界尚有余发言之余地耶？"他计划总共用两年的时间，除往返行程三月不计外，驻巴黎半年，柏林半年，伦敦三月，纽约半年，主要的事情是：调查第一次世界大战后欧美各国的"一切状况"；拜访有名学者讨论真理；切实探索文学哲学政治经济之思潮；搜罗各邦之最新有名之著述。两年期满后，约请欧美有志之士回国，以私人经营，借重国家之补助，办一大规模的编译局，"将欧美文化为全面的系统的介绍，并参以个人所得，俾国民思想受欧化之良果而不流于偏执"。远在北京的杨怀中知道了章士钊的这一决定后,在日记中写道:"行严已起程赴法,幸吾言之见用,此于行严甚为有益。"

他计划系统地介绍欧美文化,以救新文化运动之偏颇,是十分不错的计划。若他以后严格地守在学术领域,系统地介绍欧美文化,而不是从事政治活动,那他对中国新文化将会有所贡献,对个人也"甚为有益"。但他并未坚守在学术领域,反一再卷入政治旋涡。从上海去广州前,他还表示,他在广州只"勾留数日",随即就赴欧。到广州后,他还说此次到广州只是交卸南北议和代表的职务,并与朋友聚会,绝不再参加政治活动,马上出国。但不久,他又改口说准备次年1月赴欧,后来干脆就又暂不出国,而继续追随岑春煊,继续从事政治活动,重新担任西南护法军政府的秘书长。章士钊在上海宣布要出国考察,应该出于诚意。但到广州后,也许因岑春煊的一再挽留,碍于人情,不忍决然离去。所以朱执信就讽刺道:"那前清宫保(指岑春煊——引注),就像一块磁石,章行严就像一个铁绣花针,一走近就要吸去,一黏着就拉不开。"

1919年12月,西南护法军政府决定创办西南大学,委托章士钊、汪精卫为西南大学筹备员。章、汪二人又邀请蔡元培、陈独秀、吴稚晖为筹备员,共同筹备西南大学。此后除继续代表岑春煊与北洋政府交涉议和问题外,筹备西南大学就成了章士钊工作的重要内容。对办西南大学,章士钊倾注了很大的热情。他曾为西南大学提出了完整的办学规划:第一,保持"学术独立"。他说,现在中国政潮险恶,政治浑沌,要使办学有成效,必须设法使学校独立,不受政治的牵制。为此他提出,西南大学应脱离教育部的管辖,成为一个"学者自决的团体",其经费也应独立;为不受国内政争的影响,西南大学应设在上海租界。第二,把西南大学办成一个有着持续不断的辐射能量的"文化中心"。他说,中国当时的文化运动虽已兴起，但有毛病，一是政治气味太浓，学术气味较少，并非纯粹的文化运动；二是多系"横的运动"，而非"纵的运动"，即是普及文化的运动，而不是研究精深学问的运动。要使文化运动有成效，就应造就一批保有充分的能量、具有强大的辐射能力的文化中心。为造就"文化中心"，章士钊提出具体的办学规划：其一，注重对吸取国外学术成果与对外学术交流，包括：准备系统的教材；在巴黎设立西南大学海外部；设立编译局，编译西方学术著作；派遣高才生留学海外（每年派遣十人），以资深造，务使学者借西南大学之途径向海外吸收新思潮，准备大学应备的学问。其二，国内方面，则注意：开一比较完备的图书馆；设立理化试验场；注重文理两科，"盖文理两科实为一切科学的基础"；学科组织完全采选课制与学分制，使学生有充分的选课权与自主发展的余地；学校实行教授治校，尤其是有关学科建设事宜，全由教授自决。但很快，西南军政府发生内讧，西南大学经费无着，办西南大学的计划泡汤。

1920 年 10 月，岑春煊在粤桂战争中失败，宣告下野，军政府也随即解散。孙中山重回广州，开始第二次护法战争。岑春煊下野后，章士钊终于能够违心从政中解脱出来，重回学术事业。由于在说服西南的岑春煊、陆荣廷解散军政府，归顺北洋政府方面有功，于是他从北洋政府总统黎元洪那里得到一笔钱，而岑春煊也给章士钊 8000 元。他就用这笔钱出洋考察，了却多年的心愿。

出洋前，章士钊在政学系的《中华新报》上发表题为《论败律》的文章，表明他对从政失败的态度。文章说：他追随岑春煊几年，所怀之政策根本未曾实行，现从政失败，当遵循"败律"，自动下野。何谓"败律"？章士钊说，凡政治社会，不能不有派别，各派之意见不能不有所异同，其势力不能不有所消长。各派力量应完全听从民意，"得势时须提得起，失势时须放得下"，失败时就承认失败，泰然下野，从容修省，以图他日再得国民之同情，东山再起，同时也使在朝的政治势力有所顾忌。从政就应抱着这样的信念，"凡政策当任人试验"，"事苟有济成之者，不求在我"，"勿予胜者以非其道，亦望我胜时，人不以非其道困我"。否则，就是认为"吾权为天职，吾理为独至，吾党为神圣，无论措败何若，决不放松一步，凡可以制敌党死命者，无所谓辣手，无所谓不道德，虑所能及，力所能至，一无权衡进退而施之焉"；结果将是"报复相寻，怨毒日甚，……政治生涯至此，纯为桎梏，而国事亦从此不堪问矣"。他所表述，仍是近代政党政治的基本游戏规则。

五、新旧调和遭时病

二次革命失败后，章士钊就曾打算再度留学欧洲，但一直未付诸实施。促使他于1921年再度游欧的理由，除他从政几年，一无所成，依傍门庭，主张无从实施的挫折外，另外的原因有：一、他对影响日渐扩大的新文化运动不满，认为新文化运动有诸多偏颇，应当纠正，应有人系统地介绍西方学术以将新文化运动导入他所认定的轨道上来。二、经过几年的从政，他对原来曾经热烈鼓吹的代议制产生了怀疑。因此，他一直希望有机会再到欧洲去看一看，尤其是当时正值第一次世界大战结束后，欧洲思想界也正发生着巨大的变动，已经离开欧洲将近十年的章士钊，很想去考察战后欧洲。

章士钊受过很好的传统教育，对中国传统文化的感情很深。他早年鼓吹革命时虽对传统文化有较激烈的批评，但都留有余地。留学英国，深入接触西方近代文化之后，他热烈希望移植西方近代的民主政治制度，也对中国传统强调集体利益、忽视甚至贬低个人利益与个人欲望的倾向，重人轻法的道德主义倾向，提出过严厉的批评。但实际上他一直十分关注中国传统文化的命运。他给那些"略识西字，奴于西人，鄙夷国学为无可道"

的人戴上了一顶"Comprador"（即买办）的帽子。对一些留学生缺乏国学根底，"一入欧美之名都，其灵魂悉为物质浮华夺去"的现象，也提出批评。他反对"极端欧化之说"，而主张立足于传统，引进新学，对传统进行改造。

当新文化运动以彻底的不妥协的态度对传统的思想、伦理、文学进行激烈批评，在青年中发生广泛影响时，章士钊觉得新文化运动有完全抛弃传统文化的偏向，乃起而批评新文化运动。1919年9月底，应寰球中国学生会之邀，他在上海发表题为《新时代之青年》的演讲。演讲当晚，大雨瓢泼，但会场依然人满为患，气氛十分热烈。不久，《申报》《新闻报》《东方杂志》等著名报刊纷纷刊载他的演讲词。1919年12月，他又在广州师范学校发表题为《新思潮于调和》的演讲，继续鼓吹新旧调和论。

在章士钊之前，杜亚泉等人就提出新旧调和论。这种主张以新旧调和的名义来卫护传统。由于章士钊在学术界与思想界声望很高，其主张有很强的逻辑性与思辨性，且他的演讲确实也抓住了新文化运动中的一些偏颇以及新文化人思想认识中的一些误差，他的演讲发表后产生了很大的影响。新文化阵营的人如李大钊、陈独秀、张东荪、蒋梦麟等深知章士钊言论的影响，纷纷发表文章批评他的新旧调和论。而文化保守主义者对章士钊这样一个新人物鼓吹新旧调和论则十分欣喜，把章士钊的理论看作是护身法宝，纷纷发表文章阐述章士钊的理论。于是形成了一场关于新旧调和的讨论。这场讨论是五四时期有关中西文化问题的一场重要讨论。

简单地说，章士钊认为：第一，人类历史的发展必须以对先辈既有成就的继承为基础，人类文明的发展是人类知识、经验的逐步积累，没有这种继承或积累，人类就会永远停留在原始社会。

第二，社会进化是移行中实现的，是在新旧杂糅中实现的。他说："宇宙之进步，如两圆合体，逐渐分离，乃移行的，而非超越的。既曰移行，则今日占新面一分，蜕旧面亦只一分。蜕至若干年之久，从其后而观之，则最后之新社会，与最初者相衡，或厘然为二物；而当其乍占乍蜕之时，固仍是新旧杂糅也。此之谓调和。调和者，社会进化之至精之义。"因此，人类历史是"世世相承，连绵不断"，无法截然分开的。每一阶段都继承了前一阶段的若干内容，也掺杂着若干新的内容，绝没有与前一时代毫不相干的所谓新时代。人类历史虽可分成不同的阶段，但这种划分是相对的，不是绝对的。

第三，既然历史的发展必须以对前人成就的继承为基础，既然历史的发展是在移行与新旧杂糅中实现的，那就应注意调和新旧："新机不可滞，旧德不可忘，挹彼注此，逐渐改善，新旧相衔，斯成调和。"他反对"绝旧图新"，认为"旧"是新得以发展出来的基础，"凡欲前进，必先自立根基。旧者根基也。不有旧，决不有新，不善于保旧，决不能迎新。不迎新之弊止于不进化，不善保旧之弊，则几于自杀"。无论是中国旧有的东西，还是从西方输入的新思潮，都应以是否适合于中国当下的需要为取舍标准。中国的传统中与现代不相适应的当然应"改易"，而其中仍与现代相适应的就应得到"流传"。对来自西洋的思想，应对其内容、兴起的背景进行仔细研究，应考察中国的实情，看它是否适用；如果适合于中国现今的需要，在鼓吹、实施中，也应有详细的计划，"为所谓惯性偏见留相当之余地"，以免引起"社会上之反感"。

第四，章士钊认为，新文化运动在新与旧关系上处理不当。他说，新文化运动对待传统存在偏颇，一些"浮薄者"，不对旧道德进行实际研究，甚至一无所知，就"动曰若者腐败当吐弃，若者陈旧当扫除，初不问彼所谓腐败者是否真应唾弃，彼所谓陈旧者是否真应扫除，而凡不满意于浅薄之观察，类欲摧陷而廓清之"，此为"忘本"。在对待西方新思潮方面，一些新文化人，"大抵人云亦云，非从洋文书本抄来，即从外国讲师口中讨取"，没有对主义产生的背景、内容进行研究，没有考察中国实情，有"生吞活剥""空泛而不切实"的毛病；鼓吹新思潮时，也没有为旧习惯、旧道德存留余地，引起了不必要的"反动"。

章士钊的新旧调和论，有合理的地方，比如，他强调新必须要以旧为根基，需注意对传统的继承，任何新的因素，任何新的统一体，都存在着旧的因素，中国的传统中存在着适用于古今的"通性"；强调无论对传统，还是对外来思想，都要进行仔细的研究。他对新文化运动存在的形式主义、民族文化虚无主义倾向的批评，虽有其观察片面之处，但他的批评并非无的放矢。不过，他的理论也有不当之处，比如，他把新旧的共存当成新旧的调和，实际上共存并不排除矛盾与斗争。他要求新文化人对传统采取温和的态度，这不合时宜。因为，正如他自己所说，"吾国社会黑暗重重，非有大力从而冲决，本难有所震动。年来新思潮之播荡，社会间顿呈昭苏之象，不可谓无大功"。由于旧思想、旧道德凭借着官方的支持与提倡，借助年深月久的广泛影响，构筑起了抗拒新思想、新观念在中国传播的强大防线，想在中国传播新思想、新观念，以推动中国历史前进的人们，就必须向这一道防线开火。因此新文化运动的领袖们就以不妥协的态度，对旧道德、旧思想进行猛烈的抨击，言辞不无过火之处。但对打开阻遏新思想传播的防线来说，这种炮火是必要的。他只看到新文化人激烈地批判传统，只看到一些青年人在文化问题上的比较普遍的形式主义，没有看到新文化运动领袖们对重估传统的倡导。他只看到新思潮大量输入后出现的"生吞活剥"的现象，而没有认识到，这不仅符合他一贯倡导的思想自由原则，而且也是开放之后必然经历的一个阶段，是人们进行合理选择的必要前提。

新文化阵营对章士钊新旧调和论的批评，概括起来其要点是：第一，新旧杂糅只是新旧的共存，并不是新旧的"调和"。水与火共存，但水与火却不可调和。新与旧是不相容的，进化就是新的逐渐扩充发展，将旧的逐步"挤出去"。调和新旧，实际就是使新思想、新事物"停止活动"，"就是要中国停止进化"。第二，人类的进化不只是"移行"得来的，而是突变与潜变的结合。当潜变积累到一定地步，社会也会发生突变，出现一个新社会。若在潜变时期进行调和，就产生不了变化。第三，思想道德随着物质的变动而变动，新的物质生活需要新的道德，适应旧的物质生活的道德在新的物质生活之下，"自然失去了它的运命和价值"。因此，不可能如章士钊所说一面在物质上开新，一面在道德上复旧。

这些批评抓住了章士钊理论中的一些漏洞，但显然没有驳倒章士钊的新旧调和论，也没有说清楚新与旧的关系。不过，他们对新旧调和论的反驳，对于推动新文化运动深入发展，有十分重要的作用。

六、心非代议不敢言

章士钊南下追随岑春煊，在政治旋涡中摸爬滚打几年，不仅失去了追求民主政治的勇气，而且也对他一度热烈鼓吹的代议制产生了怀疑。

当张勋复辟之后不久，章士钊在天津的一次演讲中还说："西洋的种种文明制度，都非中国所及……倘不急起直追，真是无法可以救亡。"但是，这种信心并没有维持多久。很快，他对代议制产生了怀疑。

章士钊到南方任职不久，北洋政府与西南军政府即在上海召开和平会议。时值第一次世界大战结束不久，刚从战争中脱身的列强希望中国出现一个由各方势力组成、对列强平等开放的统一政府，以取代单纯听命于日本的皖系军阀政权。它们向南北双方施加压力，要双方停止战争，以和谈实现统一。同时，国内反对战争、要求和平的呼声渐高，直系军阀且发起和平运动。在南方，西南军阀甫经北军的沉重打击，需要争取时间稳定局面。于是 1919 年 2 月，南北双方在上海召开和平会议，试图通过政治谈判解决分歧、谋求统一。和谈的参与人员如下：北方，朱启钤（总代表，代表总统徐世昌），吴鼎昌（代表安福系），方枢（代表段祺瑞和安福系），汪有龄（代表旧交通系梁士诒），施愚（代表直系李纯），刘恩格（代表奉系张作霖），王克敏（代表直系冯国璋），李国珍（代表研究系），江绍杰（代表安福系），徐佛苏（代表研究系）。南方，唐绍仪（总代表），章士钊（代表岑春煊），胡汉民（代表孙中山），李曰垓（代表云南唐继尧），曾彦（代表广西陆荣廷），郭椿森（代表广西莫荣新），刘光烈（代表四川），王伯群（代表贵州），李述膺（代表陕西），彭允彝（代表湖南），饶鸣銮（代表福建及海军）。

南方与北方都是派系林立。南方的实权在桂系手中，它参与和谈只是利用和谈争取时间，整理内部，并不想实现统一，因为一旦统一，则北洋政府就会以中央的名义对西南发号施令，桂系的地盘势必被北洋势力侵夺。所以在和谈中，南方代表大唱高调。北方的实权掌握在以段祺瑞为首的皖系以及追随皖系的安福系政客手中，它们不愿和谈成功。段祺瑞抱定武力统一的方针，不愿与南方和谈，同时和谈本身是南方的桂系与北方的直系幕后联络策划的会议，皖系对于和谈中任何触及自己实际利益的提议都抱有百倍的戒心。安福国会是皖系一手操纵“选举”出来的，一旦和谈成功，安福国会的议员们就会失去议员资格，直接损害他们的政治利益。所以参与和谈的安福系代表对和谈的方针就是“力往决裂一方做去”。

章士钊亲身参加和谈，对和会的内外情况十分清楚。为使和会能有成效，使参与和谈的代表能不受会外因素的干扰，而能本着良心切实讨论南北和平统一诸问题，他极力主张召开“关门会议”。这遭到普遍反对。按章士钊的设想，各方势力应授予议和代表全权，代表们在关门会议时期协商的一切决议，各派都应不折不扣地执行。这与他的毁党造党论的思路如出一辙。他是一个自由主义者，自由主义者的特点就是相信通过协商可以解决一切问题，而且总是假定对方有通过协商解决问题的诚意，也假定对方会不折不扣地执行协议。实际上所谓的诚意在现实利益面前是经不住考验的。即便是和谈代表确实能本着为国家民族利益考虑的诚意来协商，达成和平统一的协议，这种协议也不可能为皖系、直系、桂系、安福系、国民党等利益不同甚至截然对立的势力所接受，因此所谓的协议也就只能是个空头协议。这又一次表现出章士钊的书生气。

谈判的中心问题是废督裁兵、国会，其中最为棘手的是如何处置南北军阀并不真正需要的国会，这实在滑稽。国会问题确实伤透了议和代表的脑筋。南方谈判代表要求恢复旧国会（即张勋复辟时又一次被解散的第一届国会），北洋各派尤其是安福国会绝对不能答应。南方护法国会中新递补的议员，对此也持反对态度，因为一旦恢复旧国会，他们就不能继续担任议员。北方谈判代表坚持安福国会不能动，南方又绝难答应。作为折中，一些和谈代表提出，将南北两个国会同时解散，另行选举新国会。然而，这更遭到南北两个国会议员的一致反对。安福国会在北方上蹿下跳，大肆活动，对总统徐世昌、总理钱能训、议和代表施加压力，要求他们保住安福国会。而南方议员在听到将牺牲国会以促成南北议和之后，深感自己的前途暗淡，纷纷攀附权势，投机钻营。原来的各议员派别失去了明确的政治信仰，而成了拉帮结派、图谋私利的小团体。总之，无论南北，大多数议员已是毫无追求民主政治勇气，毫无政治原则，毫不将国家人民利益放在心上，而唯利是图，唯势是趋，腐化堕落的政客。

国会议员们的无耻行径，让章士钊十分失望，促使他重新思考：为什么代议制移植到中国后，会出现议员不能代表民意，以及议员卖身投靠强权的局面？代议制是否真的适合于中国？代议制本身有没有问题？他对代议制产生了怀疑。1919年底，也就是南北和谈破裂之后，章士钊在一次演讲中公开表示："夫吾国民意,求其有适当之发展,选举制度是否为一良法,且为疑问。"不过当时他并没有公开否定代议制,而是提出要减少议员名额、改良选举方法,以改良中国的代议制。他主张吸取科举制的合理成分,把考试与选举结合起来,凡想竞选议员的人须先通过国家组织的特别考试,取得参选资格,然后才可下选区运动选举,争取选票。在他看来,只要真正的精英分子被选入国会,那么国会还是可以改良的。此论一出,"闻者大哗"。次年1月,他在《中华新报》上发表《裁兵与造法》一文,提出宪法不能由国会制定,而应由专家制宪。专家制宪是他的一贯主张,而此时再提此种主张,直接针对的是南方国会的制宪活动。结果,裁兵的主张并没有得罪军阀,而专家制宪的主张却得罪了国会,南方国会很快就指责章士钊为"叛逆",并革除了他的议员资格。这种激烈举动,更加深了他对于代议制的怀疑。不过,由于他没有找到更为适合的取代代议制的方案,由于国内舆论对代议制仍然深信不疑,他并没有公开否定代议制。

七、二度游欧变主张

1921年2月17日,章士钊自上海乘船出发,赴欧洲考察。此番赴欧,他的心情与他1907年初次赴欧时完全不同。1907年那一次,他是怀着对民主政治与西方文明的崇敬之情而去的。而这一次,他却是带着对代议制的怀疑以及寻找取代代议制的方案去的。一路上,他思绪翻腾,"长途万里,所怀百端"。船到红海,他在船上给章太炎以及他的弟弟章勤士各写了一封信,表露心情。

在给章太炎的信中,他说,辛亥革命之前,章太炎就明确反对代议制,主张不立国会,这种说法"始为人人所不能言,中为人人所不敢言,卒为人人所欲言而终不知所以言"。他对章太炎的"先识巨胆"佩服得五体投地,而对他自己过去"浮慕政党政治"十分地懊悔。又说，他此番赴欧是要寻找取代代议制的方案，希望章太炎继续阐发其非代议的理论。

在给章勤士的信中说，他15年前，由此道赴英，5年后又由此归国，"自登舟以迄到岸，行无所事，忘其为远。今乃块然寡欢，计日愁苦，风涛骤起，夜不能寐，思亲思友，时见乎情。盖中年哀乐本异昔时，今日始得验之也。觉此衰徵，略书告弟。此行有得与否，可以此卜之"。果然不出所料，章士钊此行之后，思想出现重大转折，走上了全面反动的道路。

章士钊首先到的是英国，这是他留学多年的国家。这次再来英国，带着满腹的疑虑，章士钊拜访了萧伯纳、威尔斯、潘悌、柯尔、华徕士等人，向他们请教"救治中国之道"。和他一同去拜访这些人的是当时也在英国，后来成为著名文学家的陈源，时间是1921年6、7月间。

威尔斯是英国著名的小说家、历史学家，著有《世界史纲》。他在其乡间别墅接待了章士钊和陈源。陈源这样记述这次访问："坐在他乡间园中谈到中国时，威尔斯这样说的：'民主政治并不是万能的圣药。现在各国都在模仿英国，这是件很不幸的事。可是中国虽然在许多方面是向来非民主的，例如没有代议制度，在别种方面却很合民主的精神，例如科举制度。在科举制度下，谁都能爬到国中最高的位置。你们为什么不恢复那制度呢？自然恢复的时候，应当适合现状，譬如不考四书五经，考新的学问……'称赞弹劾制度（指中国古代的监察制度）也是威尔斯，可是我的日记上没有记下来，现在想不起他怎样说的了。"

萧伯纳是英国现代最伟大的剧作家，也是一个费边社会主义者，他主张废除政党制度。陈源这样记述他们对萧伯纳的拜访："萧伯纳说得更有味了：配治人的才可以治人。'为人民的利益，由人民主持的人民的政府（即常说的"民有、民享、民治"的政府——笔者）'这一句话，从林肯首倡以来，成了口头禅了。但是人民是不能主持政府的。他们连戏都不会写。假使有人说戏剧应当是'为人民的愉快，由人民编著的人民的戏剧'，我就要说他们是瞎说。人民是不会写戏的。他们要戏，就得请教我。政府也是一样的。英美历代相传的见解是谁都能治国。中国历代相传的见解可不同了。治人的人须经过一个智识的试验。试验的方法也许很糟，意思却是不错。困难的地方就在怎样想出一个着实可靠的方法来。"

威尔斯、萧伯纳两人都是文学家，他们的政治思想也很有影响。他们和当时英国的许多政治思想家一样，对于民主政治的理想很有些怀疑，但是又想不出具体的方案来取代民主政治。他们在章士钊面前对"民主主义"嬉笑怒骂，说"只要十分钟，我们就可以把民主主义打得体无完肤，可是其余的主义不消五分钟便可以打得落花流水了"。

他们对民主主义的怀疑，与章士钊同去的陈源只是"姑妄听之"，并不当回事。而对代议制业已产生深刻怀疑的章士钊却如获至宝，在他看来，他们的言论证实他对代议制的怀疑。他们对中国科举制度与监察制度的推崇，则与他以前曾经提出过的取科举之益以救济代议制之弊的想法不谋而合。威尔斯、萧伯纳没有提出取代代议制的具体方案，而章士钊则从潘悌那里找到了方案。

潘悌是近代基尔特社会主义的创始人。基尔特是中世纪欧洲广泛存在过的职业自治组织，商人、手工业者组织基尔特的主要目的是：对抗封建领主的剥削和压迫；通过垄断，排斥外来竞争；通过规定原料价格和产品出售价格、限制学徒人数与生产规模等，维持会员间的平等关系。随着资本主义的兴起，大工厂制逐步取代了基尔特。针对资本主义社会中工人失去生产资料，劳动成了对工人的奴役，工人被排斥在资产阶级的民主政治之外的现实，基尔特社会主义者要求恢复中世纪的基尔特制度。他们的目标是：由劳动者（包括体力劳动者与脑力劳动者）组成的各种基尔特（按行业划分）掌握生产资料并管理生产，实行行业自治；这种自治的基尔特也就构成国家政治生活的基础，国家的最高权力机构就是各基尔特的最高联席会议。他们认为，这样一来，无论经济生活领域还是政治生活领域，工人就都是真正的主人了。

潘悌对章士钊大肆推销他的基尔特社会主义理论，他对章士钊说："代议制根本不足以代表民意，因为在代议制之下，一个议员要代表一个选区，而选区内情况极为复杂，人民的利益各不相同，一个议员又如何代表这利益各不相同的人民？划分人群的最自然的尺度是职业，因为人是与职业相依为命的，人民对于自己的职业也最熟悉，谈论起来也津津有味，因此实行自治并不困难；而且，一个职业中的人民利益也最相近，人民在自己的职业自治团体中选举出来的代表，最能代表自己的利益。西方旧有的基尔特已经被工业化扫荡殆尽，而中国的行会组织没有受到工业化太大的冲击，还有完善的行会组织，所以中国实行职业自治有着西方无可比拟的优势。"

章士钊对潘悌的理论大为倾倒。他根据自己的理解，把基尔特社会主义的主要内容分成两部分，一为职业自治（他称为"业治"），一为"农业复兴"。由此，他形成了以职业自治代替代议制、以农立国两大解决中国问题的主张。1921 年，他即用英文写了《联业救国论》（Chinese Politics and Professionalism）一书，主张以职业自治取代代议制。

1922 年，他到柏林之后又准备写一书，系统地清理基尔特社会主义的起源与流派，并论述基尔特社会主义在中国的实行方法。按照他原定的计划，该书的大纲是：第一章 业治之起源及其大意；第二章 欧洲各国业治之大要及其实际，中分四目—沁宗（法兰西）［即辛迪加］，二基宗（英吉利）［即基尔特］，三苏宗（俄罗斯）［即苏维埃］，四鲁宗（德意志）［即鲁特］；第三章 业治论之评骘；第四章 业治主义之适用于中国；第五章论实施方法。后因奔丧归国，没有写成。与此同时，以农立国的思想主张也成型了。1922 年，他在柏林草成了《治湖南新案》，写成之后，一时诗兴大发，写下《草"新湖南案"成放歌》一诗，中称："欧洲大战四五载，新理翻腾若江海。中有农治为胜义，小子殷勤恣探采。探采归来颇自豪，敢言救国如擎毛。""湘人勤俭夙宜农，立国舍此宜何宗。吾国文明本农化，更有何居足方驾。湘人挥汗如倾盆，不走营门走校门。湘人吐气如火热，不煮豆萁来冶铁。湘人血泪多如麻，点点渗透自由花。湘人智辩走如珠，颗颗嵌上分科图。湖南如此治五载，芷兰茅苇同光彩。"

可见，当时的章士钊对于自己认定中国应当以农立国十分兴奋。在柏林，章士钊得知父亲去世，遂归国奔丧。9月16日，抵上海，随即回湖南料理丧事。

此次赴欧洲考察，章士钊的"政治信念全变"，说自己以前的政党政治论、调和立国论都"不值一文钱"，只有这一回才找到了"敢言救国如擎毛"的方案。

一、以农立国，身受围攻

自欧洲归国后，章士钊首先到上海，然后由上海回长沙办理他父亲的丧事。在长沙，他应各校邀请，作了几次演讲，开始鼓吹以农立国。1922年底，为实施以农立国的主张，他北上担任北京农业专门学校校长。他将该校更名为北京农业大学，并确定办学宗旨："以办到师生农民通力合作，建树将来农村立国之基础为宗旨。"1923年6月，直系发动政变，将总统黎元洪驱逐出京。一批国会议员随即南下，章士钊时任参议员，也南下。南下后，他应邀主持《新闻报》的笔政（1923年7月至1924年2月），发表大量的社论，鼓吹以农立国。1925年7月，他创办《甲寅》周刊，继续鼓吹以农立国。1926年3月，段祺瑞倒台后，《甲寅》周刊也随即停刊。其间，他应《国闻周报》之邀，为该刊写了十多篇文章，其核心内容也是以农立国。1926年底，他恢复《甲寅》周刊，并且勉力办了十期，继续鼓吹以农立国。

可以说，自他1922年归国，到1927年3月《甲寅》周刊再次停刊，他"或纤或径，或笔或舌，有会即为诵述"的，就是以农立国。高一涵说他是个"农迷"，他也自承不讳。

章士钊的以农立国论，内容很广泛，包括为何以农立国与以农立国的具体方案两大部分。

为何以农立国呢？章士钊说，中国文化是以"礼"与"农"为核心的农业文化，而西方文化是以"利"为核心的工业文化。其区别就在两者对待人的欲望采取了截然不同的态度与处理办法。中国的古圣先贤洞见人欲无厌，而天下之物有限，若不限制人欲，必出现"争"与"乱"，故定下"讲节欲，勉无为，知足戒争"的基本立国精神，又以"礼"与"农"来落实这种立国精神。其中"礼"用来"养人之欲"、止争遏乱；而"农"则是保持"礼意不敝，群秩不乱"的经济环境。而西方的古圣先贤，对人欲"只知所以利之，不知所以节之"，故其立国精神为"纵欲有为，无足贵争"。

西方文化的弊端已经暴露：内则有严重的贫富分化和尖锐的劳资矛盾，外则有因瓜分世界市场而引起的世界大战；同时工业化也使人异化成机器与物质的奴隶，已到山穷水尽，非改弦更张不可的地步。中国近代以来模仿西方走工业化之路，未得其益，先受其害，不但经济沦于破产，且人欲膨胀，奢侈成风，"淫巧溢于都市，机变中于人心"，礼教被破坏，"父无以教子，兄无以约弟，夫妇无以相守，友朋无以相信，群纽日解，国无与立"。

那么中国的出路何在？章士钊提出，中国当废弃工业化，回到中国古圣先贤所设立的节欲戒争、重农尚礼的基本立国道路上来。章士钊设计了一个包括经济、政治、伦理道德的系统的农村立国的方案。具体而言：

在经济上，以村为单位进行"农村自治"。村内设"公共买卖社"负责全村对外经济联系，各家的产品，除需用外，都由公家以"村券"收买，将所余的运到外地去卖，村里没有的，则从外地买回。村内的公共事务如修路架桥、修缮房屋、创办小学以及其他"文明应有之机关"，都由公共买卖社负责。这种"农村自治"，截断农户的对外经济联系，可巩固和强化农村的小农经济形态，保存礼教的经济环境。他对共产党和国民党在南方发动农民运动，使之"尽叛地主"，十分不满。对共产党发动工人运动，高喊"打倒资本家"，他也极力反对。他认为，工业运动的目的是要争取将资本家及其经理人员手中大量的用于挥霍而不是用于扩大再生产的部分剩余价值，用来改善工人生活、提高工人的劳动能力，从而实现劳资调和，促进资本主义经济的发展。可见，极力反对工业化的章士钊，其实主张保护中国现存的资本主义工业。

在政治上，章士钊主张废弃代议制，而实行职业自治制。他说，代议制从其产生开始，就"与荷包密密相连"，是资本主义工业化的政制，不适合于作为农国的中国，所以代议制引入中国后出现了种种弊端。中国将来当实行职业自治即业治：首先，要使全国"人人有职业"，不允许政客、军人这些没有实际职业的人存在。其次，各种职业内部实行自治，不允许别的职业干涉本职业内部事务。其三，成立全国性"各业联合会议"，处理各业之间的共同事务，协调各业之间的矛盾。至于业治之下的人才选拔制度与监督制度，他主张"立大规模之考核院，以司其成"，恢复传统的科举制。

在思想文化上，章士钊反对新文化运动。他认为，其一，文化都是特殊的，没有放之四海而皆准的文化。新文化运动想彻底毁弃中国固有文化，"而求与零星稗贩于西洋者合辙"，其结果将使中国在文化上亡国。其二，文化无所谓新与旧，所谓新旧，只是人们的主观感受，其实质只是几种既有的思想在不断循环。而主张新文化的人们不懂得这个道理，"以为新者乃离旧而驰，一是仇旧，而唯渺不可得之新是骛"，结果"不数年间，精神界大乱，郁郁伥伥之象充塞天下"。其三，文化是"最少数人之所独擅"的阳春白雪，不能指望一般的民众理解文化的精义。新文化运动则求文化为一般民众所共喻，结果"欲进而反退，求文而得野"。对于礼教崩坏后出现的种种道德失范现象，章士钊十分痛心，认为必须及时挽救，重建礼教，否则"失今不为，邦基将沦无底"。正是有这样一种认识，章士钊就秉持着"天下弃愚，愚何能弃天下"的使命感，在四面围攻之中，坚持己见，孤军作战，发表其反对新文化运动，鼓吹农村立国与复兴礼教的言论。

以农立国论一经提出，就受到了严厉批评，如他自承，"间有撰述，即遭驳诘"。1922年9、10月间，他在长沙各校演讲，就遭到青年学生的批评。以后随着他的以农立国论的不断展开、阐述，更是招致了广泛批评，除了一些文化保守主义分子为章士钊的理论喝彩外，自由主义者、共产党人、国民党人都对他的理论提出批评。参与批评的人物有杨杏佛、孙倬章、恽代英、杨明斋、陈独秀、吴稚晖、潘力山、瞿秋白、高一涵等等，甚至连章士钊的表弟刘秉麟，这位跟从章士钊三十余年、一直师事章士钊的人，也撰文反驳章士钊的农村立国论。

　　章士钊鼓吹以农立国，使他在言论界十分孤立，被骂作"死不了的退化章士钊"，《甲寅》周刊则被骂作"老虎杂志""肉麻杂志"。面对此处境，一些朋友劝他停办《甲寅》，不要发表那些蒙耻招怒的言论。章士钊却坚持说，作为言论家，言论之应发表与否，不当计人之毁誉，不当计势之顺逆，而只能考虑自己是否坚信自己的主张。这种精神，比他的见解、意见的内容还要重要。徐志摩在论述到章士钊此期的"反动"时，曾称赞他是"一个不苟且，负责任的作者"，"是一个合格的敌人"。又说，"我们没有权利，没有推托，来蔑视这样一个认真的敌人……假如，我的祈祷有效力时，我第一就希望《甲寅》周刊所代表的精神'亿万斯年'！"这是一种健全的态度，他对章士钊违俗抗流，坚持复古理论的评价，也是公正的。

二、反对白话，卫护文言

　　白话文学运动是新文化运动的重要部分，它使一般的平民也能用文字表达自己的思想情感，这触犯了传统文人学士的专利。因此，从一开始就遭到眷念旧学的文人学士的反对，激烈批评之声不绝于耳。到1923年，文学革命已经取得胜利，反对文学革命的声音已经十分微弱，而章士钊就是在这个时候，起而公开反对文学革命的。

　　当新文学运动兴起之初，章士钊与胡适、陈独秀等人同在北大任教。

那时他与胡、陈的私交都不错，他对胡、陈二人提倡新文学，虽不以为然，但也不以为意，觉得文学革命成不了气候，所以不曾表示反对。等新文学运动出现他无法接受的结果时，他就公开反对了。1923 年 8 月，他在《新闻报》上发表《评新文化运动》，公开反对新文化运动，给胡适出难题。结果，胡适老实不客气地说，章行严的《评新文化运动》"实在不值得一驳"。

1925 年 7 月，章士钊创办《甲寅》周刊，打出"文字须求雅驯，白话恕不刊布"的旗帜，向新文学叫阵。担任教育总长的他，又企图把白话文从中学语文课本中驱逐出去，提倡各大学教授用文言著书立说。这时的章士钊成了"国语运动的拦路虎"。

章士钊反对白话，捍卫文言，其理由是：第一，真正的"美文"，只有文言才能写出。白话只能记柴米油盐之类的小事，若想用它写出美文，"难如登天"。章士钊说，文章之精在以最少的字，最恰当地表述自己的意思；文章读起来应朗朗上口，铿锵有力。只有文言才能做到这一点。理由何在？他说，西文切音，且多为多音节字，音随字转，一字一音，同音异义之字少，可以做到言文合一。中文象形，且是单音节字，音乏字繁，同音异义之字甚多，一音数字乃至十数字不等，写出来易认，听起来难辨。因此，说话时需在单音字前后加辅助说明的字，以便听者分辨，但写文章，就没必要将"辅助单音之赘字"也写进去。白话文学却把这些"辅助单音之赘字"通通写入文中，读起来不能让人"手舞足蹈而心旷神怡"，听起来也费劲。

为证明用文言文比白话文好，他举例子说："二桃杀三士，谱之于诗，节奏甚美。今曰此于白话无当也，必曰两个桃子杀死了三个读书人。是亦不可已乎？"二桃杀三士的典故出自《晏子春秋》。其中的"士"并不是"读书人"，而是"勇士"；"死"并不是"杀死"而是"害死"。抨击白话而捍卫文言的章士钊闹出了大笑话。

其实，人们写文章，目的是表达思想、情感，言而无文，固然行之不远，以词害意，也是文章大忌。随着近代科学的引进，人们要求文字能够表达严谨细密的思想，文言文用字简省，往往字意、句意不明，很难胜任这一任务。时人在反驳章士钊推崇文言而鄙薄白话的论调时，就举了一个例子：就说"二桃杀三士"这句话，人们要不明这个典故，简直不知所云。这"桃"是桃子还是桃树？这"杀"是杀死之杀还是害死之杀？是要杀，还是可以杀，或是已经杀死了呢？这"士"，是文士，还是力士，还是上士中士下士呢？要是用白话来表达，则可以把"二桃杀三士"这一典故写作"两个桃子害死了三个力士"，十分明白。

但是章士钊强调文学重在形式，说为文学的"美"，可以让思想迁就文字。为批评章士钊的这一主张，新文学阵营的人拿五七风潮之后，章士钊向段祺瑞提出的辞呈中的几句话来讽刺他："'家有子弟，莫知所出，……钊有三儿，即罹此困。'这几句妙文，就是因为要迁就那古文义法的古文句调，于是竟把'家里孩子没有上学处'这一句话说成'不知自己孩子的准父亲'了！至于'已馁之鬼不灵，既锻之羽难振'这两句，本是反复声明不得不辞的理由；若没有辞职的决心，就不必说这么郑重的话。只是因为要文章有几句对仗，嵌几个响亮的字眼，于是不得不作这样两句骈文，顾不及将来变卦与否了。这岂不是古文的'滥'么？"

其实，白话也好，文言也好，都只是表达人们思想的工具，都可写出美文。白话写不出美文，是章士钊长期浸淫于文言文学之中而形成的一个偏见。

第二，章士钊认为，创造"美文"，"事至不易，非人人可能"，只有极少数人才能胜任。他们也只有通过揣摩先前人既有的文学成就，才能做到这一点。而胡适等人却对青年人说，文学创作易事也，既不用经年累月去熟读和揣摩前人的作品，也不必用心选择词句，"凡口所道，俱为至文，被之篇目，圣者莫易"。一般"束发小生"信以为真，不知文事之难，纷纷操笔为文。结果，"欲进而反退，求文而得野，陷青年于大阱，毁国本于无形"。

章士钊又说，不学文言文，写不好白话文。胡适、吴稚晖等，过河拆桥，以为自己能写不错的白话文，年轻人也能像他们一样。他们忘了，自己的白话文写得不错，是因为他们受过良好的文言文训练，有很好的国学修养。而年轻人，没有学好文言，没有很好的国学修养，就写不出胡适、吴稚晖那样的白话文章，而只能写出"味同嚼蜡"的文章。

第三，中国古代的"良法美意""国性群德"，都存于文言中；而中国历史上的白话文学，内容无非奸杀淫盗，功用无非诲淫诲盗。若弃文言而倡白话，等于抛弃古代的"良法美意""国性群德"。有人说，文言只是盛纳中国"国性群德"的容器，假使把这些"国性群德"移植到别种容器中，那文言可以废弃。假使理想的国语告成，文言简直是不必要的累赘。章士钊则说，即便胡适等人竭尽全力，也不能将百家九流之书，全部用白话重新整理出来，从而使中国的"国性群德"在白话文中得到延续。退一步说，即便能做到这一点，整理出来的东西也会因白话因时因地不断变化而变成无人能读懂的东西。

第四，文言文非死文学，乃活文学。胡适等人称，"旧文学者，死文学也，不能代表活社会活国家，活团体"。章士钊认为，所谓死文学，"必其迹象与今群渺不相习，仅少数人资为考古而探索之，兴废存亡不系于世用者也"。比如拉丁文对于现代欧洲而言就是死的文学。与欧洲的古文到现在就很难让人读懂不同，中国的文言几千年来就一直被人们运用，且"意无二致，人无不晓"，即便两千年前的文献，现在仍然可以"朗朗诵于数岁儿童之口"。相对于白话，文言更有活力，所谓白话就是当时当地的俚语，受一定的时间与地域限制，"二者（指时间、地域）有所移易，诵习往往难通"，中国历史上的一些白话文献现在就很难让人读懂。

章士钊反对白话文学运动，遭到新文学阵营的严厉反击。胡适批评章士钊在闹意气，说他"全失'雅量'，只闹意气，全不讲逻辑了"。吴稚晖说："章先生近来的反动，拿腐败的理论来批评他，必是年来半夜里'散局'回家，路上撞着了徐桐刚毅的鬼魂附在他身上，所以不由他做主。"鲁迅嘲笑章士钊文章不通，"倘说这是复古运动的代表，那可是只见得复古派的可怜，不过以此当作讣闻，公布文言文的气绝罢了"。

三、老虎总长，虎头蛇尾

1924 年 10 月，冯玉祥在北京发动政变后，北方形成奉系与冯玉祥的国民军相持不下的局面。为收拾局面，奉系、冯玉祥共同推戴段祺瑞。大约 11 月中旬，经段祺瑞一再约请，章士钊赴天津，加入段祺瑞集团。段祺瑞约请章士钊，一则因为章士钊"能文善思，有声南北"；二则因为章士钊发表的不满代议制，要求毁弃法统与旧国会，重造宪法的言论，正合他的心愿。

章士钊参加段祺瑞集团，时人颇惋惜。吴稚晖就说章士钊此番跌入"粪坑深处"。章士钊了解北洋政府不厌人望，"万无自存之理"，"依托军阀必无善果"；也深知段祺瑞是光杆司令，事事都得听命于张作霖、冯玉祥；段祺瑞身边派系林立，他章士钊纵然满腹经纶，从政也不可能有成绩。但他却加入段祺瑞集团，原因何在？段祺瑞下台后，章士钊曾解释，他追随段祺瑞是要报答段祺瑞的知遇之恩，在礼教崩毁之际，鼓吹礼教复兴的人，更应身体力行。又说，他此番从政，并非想做官，而是要"小行其志"。他认为，中国"伦纪陵夷"，士不悦学，学风嚣张，再不及时整顿，"邦基将沦无底"，而他对如何整顿学风，"粗有计略"，且自信这些办法"足挽时趋"。

章士钊到天津时，老段正忙于联络各方，策划重新上台。章士钊为老段规划出山的方略：不用大总统或大元帅的名义，而用"临时执政"的名义；查办贿选议员，停止旧国会的活动；以革命相号召，废弃法统，另行召集国民会议，制定宪法，然后成立正式政府。这确立了段祺瑞执政府的基本规模。从法理上讲，这些方略站得住脚，且旧国会臭败不堪，查办贿选议员，另行召集国民会议，也顺应舆情。这番"融会古今中西之大政策"，很得段祺瑞赞赏，章士钊也大有相见恨晚之意，觉得可以依靠段为中国政治开一生面，乃决定投靠段祺瑞。

11月24日，段祺瑞就任中华民国临时执政。次日，段公布内阁名单，章士钊出任司法总长。出任司法总长后的章士钊，第一件事就是查办1923年10月参与曹锟贿选案的议员。

自冯玉祥发动政变后，贿选议员自知难容于国人，纷纷向各方活动。段祺瑞出山前，天津段宅就有这班人物的踪影。他们对老段说，愿折功赎罪，无偿选举老段为大总统。到段祺瑞出任临时执政后，他们仍然觍颜开会，宣称要维护法统。同时，曹锟贿选期间拒贿议员也占据原来国会的会场，天天开会，要成立非常国会，要求执政府划拨经费。这班"万年国会"的议员早已丧失代表国民的资格，却还做着"法统"的生意。舆论要求，取消国会，端掉这班"法统商人"的饭碗。这也是章士钊自1923年以来的一贯主张。在他的一力主持下，段祺瑞下令取消曹锟宪法，解散国会。此事顺乎民心，却得罪了"法统商人"。

11月30日，章士钊命京师地检厅检举贿选议员，并搜查贿选证据。他对新闻界发表谈话说："贿选案行同倡优，全国大乱，国会成为制造刑事、扰乱国家之一总机体"；现新政府成立，对贿选议员，必定要查办。结果从直隶银行、大有银行等地搜出四百多张支票，上面都有受贿议员的签名或印章。这一举措，一时震动朝野，人们称他"老虎总长"。但章士钊检举贿选议员，不过想借此让旧国会无疾而终，以实现其毁法造法的政策。

所以贿选的证据出来后，章士钊发表谈话称，证据表明曹锟当选总统确为贿选，至于贿选议员应检举与否，则付之法庭。就是说，国会既已无疾而终，惩不惩处贿选议员，已无关紧要，加上段祺瑞对贿选议员并无惩办之意，查办贿选议员案，就没了下文。这招致主张严惩贿选议员的人们不满。另外，章士钊检举贿选议员，端掉了议员们的饭碗，也招致他们的怨恨。

第二件事是如何处理倪道烺。倪道烺是皖系将领倪嗣冲的侄儿，乃安徽一霸。1921 年 6 月 2 日，安徽省教育会、律师公会等团体以及该省一些学生代表因该年度增加教育经费的提案未获省议会通过，到省议会请愿。倪道烺指使军警殴打请愿人员，打死请愿学生姜高琦，打伤学生二十四人。案发后，怀宁地检厅开始侦查。安徽省高检认为此案关系重大，呈请总检察厅，要求转移管辖。总检察厅乃令江西南昌地检厅侦查此案。然而，自1921 年到 1924 年，经年累月不能结案，已是天下皆知的案子。对于此案，章士钊颇感棘手。倪在安徽是个实力派，又是老段的亲信，严办此案肯定有阻力。不办此案，又不好向社会交代。12 月间，有记者询问及此，章士钊就支支吾吾。

1925 年 1 月底，倪道烺致电段祺瑞，说他公务在身，难以前往江西应诉，要南昌地检厅派人到安徽去讯问，又要求撤销总检察厅前发之通缉令。2 月 2 日，段祺瑞将此电转给司法部，要求"秉公办理"。章士钊随即密呈段祺瑞，说此案关系重大，倪道烺有故意杀人嫌疑，不能特赦，不能解除通缉，要求将此案移交京师地检厅办理。老段居然同意。2 月 5 日，司法部令京师地检厅向江西高检移取案卷。2 月 11 日，江西高检突然对这个积年不办的案子发表意见，要求对倪道烺免予起诉，解除通缉令。但章士钊坚持此案"关涉杀人嫌疑，案情至重且复"，不能特赦，不能解除通缉，而应"以严重之法式，公开审理，……以抒民愤而昭大公"，严令江西方面交付有关案卷。3 月 5 日，案卷交付，京师地检厅开始侦查此案。初办此案时，章士钊十分认真。倪道烺到京后即被严密监视，私自探望者都受严密盘查。章士钊还下令严查江西高检要求对倪免予起诉，有无情弊事由。但倪道烺毕竟是段祺瑞的人，老段不愿意严办，案子肯定办不动。5月底，即章士钊辞去司法总长职务不久，经过一番敷衍，法庭判决："倪道烺应不起诉。"

以上两案，章士钊有心办案，但或虎头蛇尾，或力不从心，都没有结果。他在司法总长任上办的第三件事即金佛郎案，就遭非议。1922年底法国政府要求中国改变自1905年以来按照各国流通货币电汇的方式，而改用按金佛郎价格折算，支付赔款。当时中国尚欠法国4亿佛郎的赔款，按当时电汇价，中国只需付五千三百多万银圆。而按金佛郎折算，则中国需支付近一亿四千万银圆。如同属拉丁币制的比利时、意大利、西班牙等国亦援引此例，则中国损失更大。所以法国提出这一要求后，历届北洋政府都不敢答应。为迫使中国政府让步，法国串通《辛丑条约》的有关国家，自1922年12月起将中国的关余、盐余扣留，到1925年春，总税务司扣留的关余已达2300多万元。法国又极力阻挠华盛顿会议所决定的关税会议在中国的召开。段祺瑞上台后，为缓解财政困难，取得扣压在总税务司的二千多万关余，从速召开关税会议，通过准许中国海关税中征收2.5%附加税的加税方案，增加财政收入，乃饮鸩止渴，指使财长李思浩、外长沈瑞麟与法国公使商谈金佛郎案，并于1925年4月通过金佛郎案。

为推脱责任，李思浩等建议将该案交司法部审查。此事与司法部本不相干，章士钊完全可以推托，但他却不从国家利益考虑，而本着为段祺瑞分忧的意思，在司法部主持会议讨论金佛郎案，并在会后秉老段的意思，在财政部交付的案卷上批示，"所有修正各点，均于我国有利，视原协定确有进步"；"更就新协定全文逐件审核，亦均稳妥无疵"。金佛郎案通过后，有人说章士钊越权办事，有意促成金佛郎案，是因为他受了巨额贿赂。

因浮言四起，章士钊自请检察长核查账目。结果，未发现证据。检察官翁敬棠检举金佛郎案，称章士钊"显系有意促成，有共犯嫌疑"。然《大公报》援引某法律专家之意见称，翁氏"呈文中所列检举章士钊之罪证，实难望其成立"。由于一意促成金佛郎案的是段祺瑞，翁氏的检举并无下文。

金佛郎案，本不关章士钊的事，一句"事非主管"，万事大吉。但他大讲私人义气，即便谤议四起，也不后悔。这固有古风，也未免不识大体。在一个未上轨道的政府中当官，要善于钻营，而章士钊则书生气十足。他也学了一些当官的技巧，有一点小机心，并非"不存机心"。他知道要向老段表现他的学问、见识和忠心，要拍老段的马屁。然而，他到底不够圆滑，到底机心不够。他以为自己得老段信任，奥援不弱，遇事可以尽量发挥，在内阁会议上往往直来直去，结果得罪同僚。据报载，一次会议上，他当面斥责北洋元老许世英，结果元老派说他飞扬跋扈。在讨论有关法律问题时，他动辄滔滔不绝，长篇大论，安福系人物觉得他要在老段面前卖弄学问，与他们争宠。因此，他颇遭一些同僚的忌恨。遇到难事，圆滑的官僚知道怎样诿过于人，他却强行出头。至于生活小节，他也我行我素，不顾他人的反应。同僚中就有人骂章士钊骄横。当了几个月的司法总长之后，在执政府内部，就有人要轰他下台。

四、整顿学风，身背骂名

1925 年 4 月，章士钊以司法总长兼署教育总长。章氏长教时，正是学潮迭起的年代。"学风不靖""士气嚣张"，是当时一般人对学界的感叹。造成这种情况的原因十分复杂。

从社会环境看，国内政治黑暗，军阀连年混战，外交失败接二连三，不能不引起广大血气方刚的青年学子的密切关注。这是广大青年学子不能安心于学的根本原因。与此同时，共产党与国民党十分注意发动学生反对北洋政府，学生运动具有越来越明显的政治色彩。其次，教育经费短绌，学校无法维持。各地军阀争相扩军，军费开支日趋庞大，动辄挤占、拖欠教育经费。校长们不得不奔走权门，极力想从内战经费中略分余沥，以维持学校。而教员罢教索薪之事也屡见不鲜，教师罢教自然影响学生学业。但学生知道其中原因："你们看一看，巡阅使们、督军们，早晨一个电报来了，晚上几百万就汇去。八校经费（即当时北京的国立八校）奔走呼号这么多天，政府是一概不管。中国人民的血汗钱都聚到军阀手中，我们没有书可以读呀！诸位呀！军阀不倒，什么运动都是无望的。"其次从教育界内部看：五四以来，学生在社会上的地位有很大提高，学生中也形成"学生万能"的观念。时人有过批评：学生既自认为"万能"，就认为"什么事都在学生的管辖范围以内，一切的外交、内政、教育、司法种种问题，固然要干预；即两个政府对挂招牌互争真假王麻子，甚至于两个军阀武装对峙，学生也认为有否彼认此或助某打某的职责与权能"。"末流所趋，……甚至换一知事来一教员，亦必通电全国，终日开会。"另一方面，由于教育经费长期拖欠，教员谋生之不暇，只好在外兼职，岂能安心于教，哪能严格要求学生。更有甚者，各校教员往往分成两派或数派，彼此间相互攻击，甚至操纵学生进行派系斗争。这不仅耽误学生的学业，教员也往往因要利用学生反对他人或害怕他人利用学生反对自己，不敢严格要求学生，甚至对学生要求指定考试范围、增加考试分数，也不敢拒绝。又由于当时各校教员均由校长聘任，校长的变动往往带来一校教员的更换，所以每当一校校长发生变动就会出现驱逐新任校长的学潮，这种学潮的背后操纵者就是教员。总之，"学潮日涨""学风日坏"，是1920—1927年间中国教育界的一个令人关注的现象。

章士钊自认为"素审学弊之由"：第一，新文化运动鼓吹新思潮，人们谬解自由之说，结果"礼教全荒""学纪大紊"。第二，少数"不逞之徒"以及学生中之"荒怠者"，肆意操纵煽动，破坏正常的教育秩序。第三，教育经费拖欠严重，改革无从入手。第四，一些教员并无真才实学，"复图见好学生，以便操纵"。对此，"政府既乏良策，社会复无公评"，以致学风之坏日盛一日。因此，他上任后，即提出整顿教育的具体方案：清理八校积欠；教育部专设考试委员会，管理学生入学、毕业诸试；教育部设编译馆，宏奖著述；合并八校。这些政策发表后，"浮议蜂起"。

清理积欠，本受一般教员欢迎，但经费长期拖欠，各校无法按月领取、报销经费；一些学校负责人或财务人员利用经费报销的停废贪污挪用。而清理积欠，却要在各校报销前领经费后，才发放所欠经费。这遭到贪污挪用经费的蛀虫的反对。合并八校，是将当时北京的八所国立大学合并成一所大学。章士钊认为，八校合并，一则可以提高学校的师资力量，可以使每门课程均有一二位称职的教授，滥竽充数的教授就不能误人子弟；二则合并后，机构可以精简，经费可以集中，设备可以共用，但这危及部分教员的饭碗。计划还未付诸实施，就有人在暗中布置，准备反抗了。章士钊说北京八大学校教授有好几百，但终年见不到几本像样的著作，所见者不过"几纸数年不易破烂不全之讲义"。因此，他要宏奖著述，引导教师潜心学问，但这却被讹传为"甄别教员"。对于学生，章士钊希望通过加强考试，严格教学，使之无力关注学业以外的社会问题，以杜绝"学生干政"。但这又被青年学生"视为大逆不道"。

章士钊整顿教育的计划还没来得及实施，就发生五七学潮。自袁世凯接受"二十一条"后，每年 5 月 7 日，北京学生都要召开国耻纪念会。1925 年 5 月 7 日，北京学生原定在天安门召开国民追悼孙中山大会，并纪念国耻。事前，首都警察厅已探悉，乃下令禁止学生开会，并行文教育部，要教育部转知各校。据报载，教育部曾将此令转知各校，并发出训令，要求各校不得任意放假。不过，章士钊事后称，教育部没有禁止五七游行，也没有转发警厅的公文。

5月7日，学生冲破层层阻力，出外集会，但他们在天安门集会的计划因军警阻拦并未实现，只能在神武门集会。散会后，一些学生对章士钊极为不满，说他"摧残教育、禁止爱国"，乃集结二百余人，前往司法部，要求见章，部员告知学生，章并未到部。于是学生乃赴东四北大街魏家胡同十三号章宅，去质问章士钊为什么"摧残教育、禁止爱国"。当时章宅门口有几个警察，忽见大队学生到来，手足无措。学生一拥而入，说要质问章总长。其时，章士钊还在教育部上班，章夫人吴弱男也因事外出，家中只有一个家庭教师以及章士钊的三个儿子，另有几个仆人，但都没有见过这样的场面，无人敢出面交涉，只是说章总长不在家。学生不信，乃开始搜查，搜来搜去不见章的踪影，学生不觉大怒，乃将章宅的玻璃以及一些器皿、古玩、字画等捣毁。正捣毁之中，有警长率六七十名警察到来。

章士钊和夫人吴弱男及其三子章用、章可、章因合影于东京（1916年）。

警长先入室对学生说："诸君有事，可以派出代表数人，以便谈话。"不巧的是，这位警长着便服，加以留有短髯，仪态气度都不错，结果被学生误认为是章士钊，一位学生大喊："章士钊乎！该打！"言未已，即飞来一拳。警察当即还手，于是一场混战就在章宅打开。正打着，又有一队警察赶来。学生终究敌不过警察。最后，有十八名学生被捕。

次日，章士钊即呈文老段，说明家中被毁情形，说事情之发生乃因"诸生中之荒怠者"借端破坏他设立考试委员会整顿教育的计划，又说，"年幼书生之偶然冲动，不足深较。……为国服务，生死且置度外，区区损毁，有何可言？唯本部秉承执政所定之教育方针，决不因此而有所增减。"

5月9日，北大等三十余校学生举行万人请愿活动，要求罢免章士钊等，释放被捕学生，抚恤受伤学生，允许人民有言论、结社自由。11日，北京卫戍司令鹿钟麟出面，邀集各大学校长以及章士钊商讨平息学潮办法。章士钊发表谈话说："对于青年学生，意气冲动，决不主张深咎。此次风潮之起，皆由教育当局督率无方，希望各校校长共同维持，庶几此后青年，免被奸人煽惑，引出种种轨外举动。"到会校长中蒋梦麟等也发表谈话。商定，警厅释放被捕学生，校长们维持学生上课。

但就在11日晚，章士钊突然提出辞呈，说他虽有整顿教育的计划，无奈风气已坏，又有人蓄意破坏他的计划，而他也威望扫地，不堪当整顿学风之任，请求辞职。当时报纸推测，章士钊提出辞呈的目的是想要执政府下一"训诫"学生的命令，以确立总长威风。但执政府内有人认为发表这样的命令，会更激起学生的反对。又有老段的某亲信对段说："学生对于执政，本甚爱戴，此次章教长举措实有不当，何必殉一人之请，致将风雨飘摇之局面，更引起纠纷。"老段闻之动容。因此，训诫学生之令就没有发表。章士钊不满，辞意乃决，离京赴北戴河。

后经段祺瑞多方挽劝，章士钊乃于6月17日回北京重新担任司法总长职务。7月28日，段祺瑞又任命章士钊正式担任教育总长。章士钊再度长教，最为棘手的问题是女师大风潮。

1924年2月，杨荫榆被任命为国立北京女子师范大学校长，起初，师生对此均表欢迎。不过杨女士是一个循规蹈矩，严于律己而又待人严苛的女学究，像旧式家长管教孩子一样管教一班接受了新思潮熏陶，追求思想自由与个性解放的新时代的女学生，引起学生的不满。1924年秋天，杨荫榆不考虑实际情况，刻板地按章办事，迫令一批因军阀混战而不能如期归校的学生退学，学生自治会请杨收回成命，她不但不答应，反责怪学生犯上作乱。1925年1月，女师大学生自治会召集全校学生开会，决定不承认杨荫榆为校长，并派人到教育部请愿，要求更换校长。由此出现著名的女师大风潮。

4月，章士钊兼任教育总长。起初章士钊也有更换校长的打算，但是学生方面对他提出的人选一再攻击，还没有等他选出适当人选，就发生了五七学潮，章士钊因此辞职。

章士钊辞职前，女师大的风潮已不可收拾。5月7日，女师大学生在该校礼堂举行国耻纪念会。杨荫榆不请自来，想主持会议，结果被学生轰下台。事后，杨开除学生自治会干部刘和珍、许广平等6人，说她们"不守本分，违背校规，鼓动风潮，扰乱秩序，侮辱师长，败坏学风"。11日，学生封锁校长办公室、秘书室及寝室，并派人把守校门，不准杨进入学校；同时约集教职员与学生开联席会议，决定在部派新校长到任前，由学校评议会维持校务。而杨荫榆则在外面的一家饭店主持校务会议，决定提前放暑假。于是出现"学生跳梁于内，校长侨置于外"的局面。这期间，教员也卷入风潮，风潮更加复杂化。

章士钊重新长教后，倾向于维持杨荫榆。他本人早年也是学潮的领袖，但人到中年后，他思想渐趋成熟，对学生运动持保留意见，认为学生运动因时局刺激而起，"其用心至为可敬"，但学生本职在求学，"时事之艰难，决非在校之学生所能普济。故学生爱国运动，只宜处变而不能处常，若必据为典要，尝试频频，恐将一面激起社会之反感，一面荒废学业"。女师大学生封闭校门、驱逐校长的做法，让他大为不悦。对更换校长，以平息风潮的意见，他也不同意。他说，北京各校因校长开除学生，而学生谋驱逐校长的事已不止一次，结果总是"革生留而校长去"，学生因此有恃无恐，恣意闹事。此风不可长，必须让学生有失败的经历，让他们从中吸取教训。因此，当7月31日杨荫榆到教育部见章士钊，提出要解散参与闹事的大学预科甲乙两部、高师国文系三年级、大学教育预科一年级等四个班时，章士钊就明确表示支持，要她"妥善办理"。

次日，杨即率警察、侦缉队百余人到校，公告解散参与闹事的四个班，同时封闭学生宿舍、停止学校食堂、封闭校门、切断学校内外之联络。这引起女师大学生及北京各校学生的强烈反抗。眼见女师大风潮越来越难收拾，章士钊曾于8月4日亲自到该校了解情况，他走马观花地看了几个地方后，认为杨荫榆向他汇报的情况属实，对学生的做法颇不满，更坚定他以强硬手段对付闹事学生的决心。8月6日，他在内阁会议上提出停办女师大，由教育部派员接收该校。同日，教育部同意杨荫榆辞职，另派人接手女师大。10日，教育部正式发布命令停办女师大。章士钊猛然停办女师大，手段过于鲁莽，引起各方极大关注。女师大师生闻讯后，即组织"女师大维持会"，以马叙伦为校务行政主任，鲁迅等为总务主任，沈尹默等为教务主任。决定学生不出校，不接受章士钊的教育部所发的文件，驱逐章士钊。于是，原来针对杨荫榆的风潮变成了针对章士钊的驱章运动。

停办女师大，毕竟不是办法。参与闹事的学生毕竟是少数，开学将近，对多数学生必须有所安置。于是章士钊决定另办国立女子大学。8月19日，章士钊派人到女师大去接收校产，遭校内三十多名女生以及各校派来的后援代表的阻拦，狼狈而逃。22 日，章士钊又派教育部专门教员司司长刘百昭率领军警以及三河的老妈子，总共一百多人，翻墙进入女师大，军警手拿棍棒，老妈子挥舞马桶刷，把三十多名不肯离校的女生强行塞入汽车，拉到报纸街的女师大补习科安置，闹出一幕笑剧。这一来，章士钊名声更糟，驱章运动更势如潮涌，不可阻遏。但章士钊并不醒悟，8 月底，在他主持下，段祺瑞政府发布"整饬学风令"，以武力恫吓学生。

9 月中旬，在章士钊的主持下，国立女子大学开学。而由女师大维持会主持的"北京女子师范大学"也在北京西城宗帽胡同开学。校名去掉"国立"，以示与教育部脱离关系，只有学生四十多人的"北京女子师范大学"与有学生三百多人的国立女子大学唱起了对台戏。

11 月 28 日，北京学生、市民数万人，举行大规模的游行示威活动，高呼"打倒帝国主义""废除不平等条约"，并组织敢死队、保卫队、交通队。会后，群众捣毁朱深、章士钊、李思浩、刘百昭的住宅。章士钊事后有《寒家再毁记》记其事，对"秀才为暴，睹佳籍而不动心，书生寻仇，毁名迹而若无事"，很是伤心。12 月初，章士钊坚辞教育总长，但 1926 年 2 月，经过段祺瑞的一再邀请，他又出任段祺瑞执政府的秘书长。出任秘书长后的章士钊，又大谈"整顿学风"，甚至称"目前维持秩序，转移风纪，亦为地方军警之责"。

1926 年 3 月 18 日，发生"三·一八"惨案。舆论大都认为章士钊是罪魁之一。《世界晚报》甚至说，章士钊为惨案主谋，是他下令军警开枪。章士钊为此发表《章士钊启事》，予以否认。

1926 年 4 月，段祺瑞下野。章士钊也结束了他这一段颇遭人非议的从政生涯。此番从政，章士钊整顿教育的计划，丝毫没有实现，相反他却身遭骂名，从此"士钊之名，士林所不齿；士钊之文，君子以羞道"。

第六章

名士生涯

倾心于弗洛伊德的精神分析学

为陈独秀辩护

"逻辑先生"出了本《逻辑指要》

从陪都闲客到参与北平和谈

1949 年后的章士钊

一、倾心于弗洛伊德的精神分析学

1926 年底，章士钊复活《甲寅》周刊，除继续鼓吹以农立国之外，他对北伐战争发表了不少评论。他批评国民党的"以党治国"的实质是一党专政，"一国之中，从政只许一党，一党之众，所奉只许一义"，这与政党政治的基本原则根本对立。对于国民党以反革命罪处罚人，章士钊说，革命、反革命与不革命，都是人们的自然之权利。"凡人类而正反两面之论不见，时曰奴隶。凡同种而思想言论自由之权不保，时曰强暴。国民党成功，至于斯境，或且恢恢乎以全国之是非为是非，全国之利害为利害，质剂乎情感，延跂乎望欲，一言蔽之，兢兢惟奴隶人而强暴我是惧，则天下事正未可料。"他对国民党革命成功后中国前途并不乐观。

北伐胜利后，因与"三·一八"惨案有牵连，章士钊被国民政府通缉。1929 年，他携家眷赴德国留学。这次到德国，他住在哥廷根，潜心研究弗洛伊德的精神分析理论。早在 1922 年到德国时，章士钊就曾接触弗洛伊德的学说，并大为倾倒。回国后，他在相关文字中不时提到弗洛伊德与他的理论。1922 年 10 月，他在一次演讲中就谈到弗洛伊德："奥国有个甫洛耶德，是个心理学者，他说：'情欲问题不解决，社会问题不能解决。'很多人以为他说的不真，但是他的话有个顶好的证明。中国有句古话说'饮食男女，人之大欲存焉'。"他说，马克思是从社会方面分析的"饮食"问题，而弗洛伊德则是从人的心理方面分析男女问题。他甚至把饮食问题与男女问题看作是一切社会政治问题的核心。他敏锐地感觉到，"以心解（章士钊把精神分析学称为'心解'"）被之群治（指社会政治问题），方为举世学术界之一巨题"。1926 年他在《国闻周报》上发表《政治心解》一文，用心理分析的方法，探讨当时中国人的政治心理。文中说，"非以心解，国且莫医"。不过，由于一直忙于俗务，他没有时间集中研究弗洛伊德的学说。

这次重返德国，章士钊曾计划系统地翻译弗洛伊德的著作。他首先将弗洛伊德 1925 年写的一部自传翻译成中文，交商务印书馆出版。章士钊在译序中称，弗洛伊德的精神分析学，"泛应曲当，深入人心，乃通诠群己推见至隐必不可少之科"。后来在研读弗洛伊德的著作的过程中，章士钊见弗氏屡称颂奥地利语言学家斯辟伯，乃阅读斯氏的著作。一读之下，钦佩莫名，觉得斯辟伯的文字学，讲求"心语沟通之道"，蹊径独辟，分析往往"入深出显，动中人情"，立说坚不可摇，实在妙不可言。他的兴趣就转移到运用弗氏的理论研究文字学。为向国内学术界介绍斯辟伯的研究方法，他翻译斯氏的代表作《情为语变之源》，交商务印书馆出版。《情

1931 年春，东北大学校长张学良与大学委员在校部合影。前排左一为章士钊，左二张伯苓，左三是张学良，左四是袁金凯。

为语变之源》一书，用人的性欲来解释语言的起源与发展。在译序中，章士钊对清代的文字学提出批评，认为清代的文字学止于就字论字，往往事倍功半。他提出，必须把文字放到人类文化进程这一更加广阔的领域中去加以考察，博稽广证，才可有豁然贯通之效。他希望国内学者，不要拘墟成法，胶漆故训，而应放宽眼界，吸收国外的先进治学方法。

受斯辟伯的影响，章士钊着手用精神分析理论研究汉字，并且准备撰写一部《文始说例》，为中国的声音训诂之学开一生面。发表在《东方杂志》上的《五常解》与《也毋考》两篇文章，就是他这一计划的初步成果。《五常解》一文考察中国传统伦理中的仁、义、礼、智、信这五项基本的伦理范的起源。文章说：严格说起来，人们推崇备至的五常其实都起源于两性关系："若而仁，男女之仁也；若而义，男女之义也；若而礼，男女之礼也；若而智与信，男女之智与信也。"《也毋考》则解释"也"字与"毋"字中的性的含义，不过后来他也没有继续深入。

1930年春，章士钊应张学良的邀请到沈阳东北大学担任文法学院教授。而南京国民政府1928年针对他的通缉令，也经张学良的申请允免置议。1931年4月，东北大学的行政体制改为委员制，章士钊被任命为委员。

二、为陈独秀辩护

九一八事变后，东北沦陷，章士钊辞东北大学教职，到上海当律师，挂起"章士钊律师事务所"的招牌。但挂牌之后，业务比较萧条。后杜月笙聘他为法律顾问，每月给他一千元。从此，他成了杜府的座上客，律师业务很快就红火起来，事务所规模日见扩大，盛时手下有帮办二十多人，每月收入有万余元。这在当时可是一笔不小的收入。他依靠杜月笙，颇招人非议，他也曾自嘲"吃流氓饭"。

在上海当律师时，章士钊接手的案子中最有影响也最为人称道的是他出庭义务为陈独秀辩护。陈独秀是 1932 年 10 月 15 日晚上被捕的，当时他是托派领袖。陈独秀被捕后一般舆论要求将他交付普通法院，公开审判。迫于舆论的压力，国民党当局决定将陈独秀交法院公开审判。在众多的志愿律师中，陈独秀选择老友章士钊为自己的辩护人。

1933 年 4 月 14、15 日，江苏高等法院假江宁地方法院刑二庭进行了两次公开审讯，主要内容是法庭问，陈独秀等供。第三次审讯在 4 月 20 日进行，当天主要进行法庭辩论。审讯当日，来旁听的人十分踊跃。10 时 20 分，审判开始。检察官朱隽提出公诉，略称，陈独秀"一面借口外交，竭力宣传共产主义；一面则对国民党政府冷讥热骂，肆意攻击。综其要旨，则谓国民党政府不能领导群众，应由其领导农工群众及无产阶级等，以武装暴动，组织农工军，设立苏维埃政权，推翻国民党政府，由无产阶级专政。并欲打倒资本家，没收土地，分配贫农。其词悖谬，显欲破坏中国经济组织……竟目三民主义为反动主义，并主张第三次革命，坚决扫荡国民政府，以革命民众政权，代替国民党政权。其意在危害民国，昭然若揭。……以危害民国为目的，集会组织团体，并以文字为叛国宣传"，要求法庭判决他有罪。

随后，法庭问陈独秀是否有抗辩。陈独秀说："当然要抗辩！"他早就等着在法庭上慷慨陈词的这一刻。公开审判之前，他就在狱中写了一份书面的《辩诉状》，在法庭上，他将辩诉状的内容简要地说了一遍，主要内容是述其革命主张与革命目的，并对国民党政府因他主张反帝反军阀官僚、图谋民生幸福与政治民主，而指控他"危害民国"，犯有叛国罪，提出反驳，指出：政府与国家有区别，反对现政府并非叛国，反对国民党也不是背叛民国。侵害民权，背叛民国的是国民党政府，而不是力争人民自由权利的陈独秀。日本侵略者侵占中国领土，杀戮中国人民之时，国民党政府不能组织抵抗，反制止人民抵抗，摧毁人民之组织，钳制人民之口舌，宁肯亡国，也不许人民有反对不抵抗的不同声音，这才是真正的叛国，而他是主张反抗帝国主义，争取民族独立的。又指出，宣传共产主义，组织共产党，在民主国家是自由的、合法的。在二十世纪之民主共和国，绝不应有迫害主张共产主义者的怪现象。最后，他要求法庭依法判他无罪。

陈独秀抗辩完毕，章士钊从律师席上站起辩护。他的辩护词洋洋五千余言，逻辑严密，重在讲法理。辩护词分三层，针对起诉书以及审讯事实，逐款批驳检察官加给陈独秀的罪名：第一，陈独秀"肆意攻击国民党政府"，并不构成犯罪。章士钊指出，陈独秀一案，必须区分言论与行动。"以言论反对或攻击政府，无论何国，均为不罪。即其国应付紧急形势之特别法规，亦未见此项正条。"起诉书以陈独秀"对于国民党政府冷讥热骂，肆意攻击"入罪，可谓不明公私之别，其理论"无中无西，无通无别，一切无据"。

第二，陈独秀要推翻国民党政府并不构成犯罪。章士钊指出：就行为来说，反对政府有两种形式，一是通过合法选举来推翻政府，一是通过暴力革命来颠覆政府。从法律上讲，颠覆有罪，而推翻无罪。陈独秀主张通过选区争取选民来推翻政府，以推翻政府而定陈独秀有罪，滑稽可笑。针对起诉书中指控陈独秀主张"武装暴动"，章士钊说陈独秀所说的"暴动"，与国民党打倒北洋军阀所用之策略完全相同，与杀人放火风马牛不相及；陈独秀所说的暴动，只是"应"如何而已，只是他的规划，而非事实。法律只课现在，不课将来。所以，以行为论，法律不能课陈独秀之罪。

第三，针对起诉书指控陈独秀"叛国""危害民国"，章士钊说，陈独秀攻击国民党政府，只是一般的讥切时政，只是攻击主持之机关或人物，并不是攻击国家，故并不是叛国；陈独秀鼓吹共产主义，欲打倒资本家，没收土地，分配贫农，其主张与孙中山的民生主义"本如同一鼻孔出气"，没有危害民国。为证明陈独秀不仅没有危害国民党，反而对国民党有功，章士钊说，陈独秀自国民党清党后，陈独秀与中共分裂，组织托派反对中共，"与国民党取掎角之势以清共"。

最后，章士钊说，检察官指控陈独秀叛国、危害民国，皆"湛然无据"，要法庭宣布陈独秀无罪，"以保全读书种子，尊重言论自由，恪守法条之精神，省释无辜之系累"。

显然，对照陈独秀的辩诉状与章士钊的辩护词，陈独秀站得要高些，因为他对法院会不会判自己有罪，并不感兴趣，他感兴趣的是，借公开辩论的机会宣传自己的主张，打的是一场政治战。而章士钊则着重于辩护陈独秀无罪，打的是一场法律意义上的官司。章士钊从有利辩护的角度，对陈独秀的政治主张不无善意歪曲之处。尤其是说陈独秀有功于国民党一点，更让陈独秀不满。章士钊辩护完之后，陈独秀立即向法庭声明："章律师之辩护，以其个人之观察与批评，贡献法院，全系其个人之意见，并未征求本人同意，且亦无须征求本人之同意。至本人之政治主张，不能以章律师之辩护为根据，应以本人之文件为准。"此言一出，法庭哗然。

章士钊的辩护词与陈独秀的辩诉状都十分精彩，是当时轰动全国的两份辩护词，上海的沪江大学、苏州的东吴大学很快就把它们选进法学系的教材。多年后，当年亲临法庭旁听的人中，还有人清晰地记得章士钊当时的风采，还能背诵章士钊那朗朗上口、逻辑严密的辩护词中的一些片段。

不过，国民党公开审判陈独秀本是作秀，审判结果在审判前早已决定。4月26日，法庭判决，陈独秀以文字为叛国之宣传，处有期徒刑13年，剥夺政治权利15年。

审判结束后，国民党的《中央日报》发表了由该报社长程沧波执笔的社论《今日中国之国家与政府——答陈独秀及章士钊》，批驳章士钊与陈独秀。文章说，根据《中华民国训政时期约法》第二十条，在现在中国的体制下，国民党就是国家，反对国民党就是危害国家，就是叛国。章士钊随即在《申报》上发表《为陈独秀的辩护词》一文，着重论述国民党与国家的关系，批驳程沧波的"国民党即国家"的谬论，并严正批判《中央日报》"负党以趋，意之所指，辄生杀予夺人"的霸道作风。

判决书下达后，陈独秀不服，着手起草上诉状，该上诉状针对判决书，逐条批驳，重点批驳国民党即国家、反对国民党即反对国家的谬论。当时，汪原放将陈独秀案的有关材料汇编成《陈案书状回录》，公开发行。陈独秀在狱中读到此书，在章士钊的辩护词上进行了批改，特别是陈独秀在国民党"清共而后"转化为托派的词句上改掉了不少，尤其是说托派与国民党"取犄角之势以清共"的意思完全删除。有一天，汪原放到狱中探望他，他就拿着批改本对汪说："唉！行严真糟！你回去，马上告诉他，我再也不要他答辩了！你看罢！……这成什么话（指托派与国民党取犄角之势以清共）！"不过后来陈独秀上诉，律师依然是章士钊。

1934年，最高法院裁决，陈独秀"以文字为叛国之宣传"，处有期徒刑八年。七七事变后，国民党将陈独秀释放。

三、"逻辑先生"出了本《逻辑指要》

1934年春，章士钊被推选为上海法学院院长。1936年10月，应冀察政务委员会委员长宋哲元的邀请，章士钊北上，担任该委员会法制委员会主任。七七事变之后，章士钊回上海避难。

1938年3月，梁鸿志、温宗尧等在南京组织"中华民国维新政府"。由梁鸿志任行政院长，温宗尧任立法院长。梁鸿志曾在段祺瑞执政府和章士钊共事，这一回梁鸿志背叛民族，就想拉章士钊下水。他数次派人到上海，要章士钊去当"维新政府"的司法院长，都被章士钊严词拒绝。梁鸿志乃先斩后奏，公开发布由章士钊担任"司法院长"，企图让章士钊骑虎难下，不得不从。在大是大非面前，毫不糊涂，章士钊再次严词拒绝梁鸿志。其时，外间曾传章士钊已附逆，章士钊曾公开发表严正声明，否认此事。章士钊自忖上海不可久留，乃于1938年5月在杜月笙的帮助下，逃过敌伪的严密监视，由上海逃到香港避难。

1939年2月，他由香港到陪都重庆，以"国民参政员"的身份参加第一届国民参政会第三次会议。那时蒋介石要张君劢找人写一部逻辑方面的教材，张君劢就向蒋推荐了章士钊。

自他留学英国时起，章士钊就对逻辑很有兴趣。他不仅对西方的逻辑（主要是形式逻辑）有着很深的研究，还曾花大力气研究中国古代逻辑思想，尤喜将西方逻辑思想与中国逻辑思想加以对比。1909年，他就在梁启超主办的《国风报》上发表文章讨论"logic"一词的译法。以后他在自己主办的《民立报》《甲寅》月刊上不时与人讨论逻辑问题。在自己的文章、演说中，他也时不时大谈逻辑，所以有"逻辑先生"之名。他在北大和东北大学讲授逻辑，当时人称"章氏逻辑"。二十年代，他连续发表了好几篇研究先秦逻辑思想的论文。在他主办的《甲寅》周刊也有"章氏墨学"一栏，登载他研究《墨经》的心得。可以说，他是中国近代史上有数可数的少数几位逻辑家之一。研究中国近代的逻辑思想史，不能不研究章士钊。

他此番领命撰写《逻辑指要》，可谓是轻车熟路。他原来在北大、东北大学讲学时就曾经有过系统的思路，全书体例与基本原则也有规划，不少章节都有当初讲学时的讲义作为初稿，后又陆续积累材料，因此，即便是战火纷飞的年代里，他也在很短的时间内，写出一部材料极为丰富、学术质量很高的著作来。大约于1939年夏，他就写成了《逻辑指要》。1943年，在抗战的隆隆炮声中，该书在重庆出版了。这是他一生研究逻辑的心血的结晶，在中国近代逻辑思想史上占有一席之地。

《逻辑指要》共二十万字，分二十八章，书后收有他1909年到1927

年间写的有关中国先秦名家、墨家的逻辑思想的论文如《名墨訾应论》《名学他辨》等六篇。书的前面有他的老友张君劢，以及他的学生高承元写的序，也有他自己写的一篇自序和"例言"。张君劢在序中称，晚近三四十年来，中国学术史上有六个重要人物：章太炎、王国维、严复、梁启超、胡适、章士钊。其中，章太炎、王国维治国学，严复的贡献在翻译欧洲学术名著，"其能贯穴中西，以贡献于学术界者"，只有梁启超、胡适、章士钊。其实，不只是张君劢有这样的看法，吴虞在日记中也说，章士钊是学贯中西的"通儒"，而这在他的朋辈中几乎是一个共识。

章士钊在"例言"中，开宗明义提出他治逻辑的基本原则："此学宜当融贯中西，特树一帜"。在自序中，他对此做了解释："以欧洲逻辑为经，以本邦名理为纬，密密比排，蔚成一学，为此科开一生面。"这就是说，他写《逻辑指要》一书，是要通过对比研究中西逻辑思想、逻辑理论、逻辑体系，将两者有机地融合起来，形成一门独特的、融合中西逻辑思想的逻辑。

他强调，逻辑并非西方所独有，中国古代也有逻辑。这并非无的放矢。20世纪初，不仅外国学者宣称中国没有逻辑，国内的一些学者也接受这种观点，比如蒋维乔在其《伦理学讲义》（1912年商务印书馆出版）中就说："东亚向无伦理学，有佛家所谓因明者略近之。我国古代所谓名家似是而实非。"针对这类说法，章士钊反复指出，"逻辑之名起于欧洲，而逻辑之理存乎天壤"，那种认为欧洲有逻辑而中国没有的说法，是错误的；因为中国没有逻辑之名，就说中国人不解逻辑之理，"尤为妄说"。又说，中国先秦的名学与欧洲的逻辑，"信如车之两轮，相辅而行"。他写此书的一个重要目的就是要证明中国也有逻辑。

该书的一个重要特色就是"以欧洲逻辑为经，以本邦名理为纬"，即以西方的形式逻辑为其书的写作体系，而以中国古代逻辑思想和逻辑理论为材料去解释、说明西方的形式逻辑体系。由于他学贯中西，故做得相当成功。无论对概念、判断、推理等基本思维形式的解释、说明，还是对各种推理形式的分析，抑或是对形式逻辑四大基本规律的解释，他都能准确地用中国古代的材料来解释相关问题。通过这种方法，他系统地整理了中国古代的逻辑思想和逻辑理论。

该书出版后，谢幼伟发表书评指出：此书在逻辑理论上并无建树，其贡献在于"能将我国所有之逻辑材料纳入西洋逻辑系统之中，使成为中国式之逻辑教本。其用力之勤，搜罗之富，及其对我国旧籍理解之正确，殆无与伦比。章著唯一之优点在此，坊间流行之本子，不足与同年语也"。又说，中国自严复介绍西洋逻辑以来，数十年间，中国学者所著之逻辑教本，殊乏佳构，非从西洋翻译过来，即从东洋抄袭过来，真正有价值的逻辑教本只有金岳霖的《逻辑》和章士钊的《逻辑指要》。前者对逻辑理论殊有创见，后者则系统地整理中国的逻辑思想与逻辑理论。谢幼伟又说："逻辑为科学之基本，无逻辑，则科学无方法。逻辑亦民主政治之要件，国民脑筋清晰与否，影响及于民主政治之推行。换言之，言科学须有科学之心态，言民主亦须有民主之心态，而此两种心态之养成，均非有逻辑之训练不为功。"提倡科学、民主，提倡新文化，而不提倡逻辑，"直缘木求鱼之道"。而新文化运动诸人，虽一再鼓吹科学与民主，却不注意提倡逻辑，实在令人遗憾。从这一点上说，一直致力于提倡逻辑的章士钊，其"识解实远在新文化运动诸人之上"。确实，章士钊提倡逻辑，有良苦用心，他写此书的目的是"欲使国人皆得此学途径，使不失发言遣意之序"。但他坚持用文言著书，结果自然不能"使国人皆得此学途径"。

收录在《逻辑指要》之后的几篇研究先秦名学的论文，也是很有价值，章士钊在其中提出了不少有价值的见解。比如，自晋人鲁胜在其《墨辩注》中提出惠施、公孙龙"祖述墨学"以来，其说人们几成定论。一直到近代，胡适、梁启超等研究先秦名、墨思想的人，还采这一说法。章士钊经过细致的研究提出：作为名家主要代表的惠施和公孙龙，与墨家的学术渊源不同，前者出于"礼官"，后者出于"青庙之守"；墨家的根本要义在贵俭、兼爱、右鬼、非命，而惠施、公孙龙则根本不谈这些。虽然《庄子·天下篇》中所说的惠施所提出的各项命题，在《墨经》中也可以看到，但是只要仔细研究就可以发现，所论问题虽同，而其主张正相反对，"理各项抗，各执一端"，"细绎两家之辞，似惠字诸义先立，而墨家攻之"。因此，章士钊断定，以惠施、公孙龙作为名家的主要代表，他们与墨家并非一家，在一系列问题上他们的观点是相互对立的，是相互攻击而又相互回应的。说到章士钊这一见解的意义，专门研究中国近现代逻辑思想史的彭漪涟先生这样说：这些观点"曾在后来为大多数研究名墨两家关系的学者在事实上所接受，而在先秦逻辑思想，特别是先秦名墨逻辑思想的研究方面，起了里程碑式的作用，并从而有力地推动了先秦名墨逻辑思想及其相互关系的研究"。（彭漪涟先生在其《中国近代逻辑思想史》所语）

1959 年和 1961 年，这本书又被收入"逻辑丛书"，两次重版。

四、从陪都闲客到参与北平和谈

在重庆，章士钊挂着国民参政会参政员的头衔，已经花甲的他，不复有政治抱负，实际的政治活动很少。他既有国民参政员的身份，每月有一份薪水，又有杜月笙的接济，加以少有公务，日子还比较安稳、清闲。他这时对写诗发生了兴趣，以写诗填词，栽花养草，寄情山水打发时光。1941 年他在《文史杂志》上发表一批诗作，在《近诗废疾病》中他谈到，最近两年他成诗四千多首，数量不可谓不大。初看起来，这流连诗酒的日子，实在不赖。然眼见山河破碎，前方将士拼命沙场，百姓颠沛流离，年老

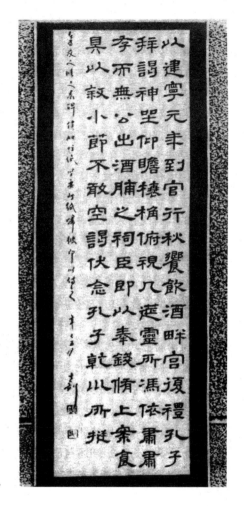

章士钊手迹（1941年于重庆）。

力衰的他，不但无力为抗战作贡献，抑且享用廪禄，日子安稳，心中却并不安。

当时孔祥熙鼓吹孔学的世界性，他受邀为文，1943年4月，他在《中央日报》上发表一篇应景之作《孔学之世界性》。该文沿袭其以农立国的主张，以工业文明与农业文明区分东西文化。1944年秋，国内民主宪政运动蓬勃发展，政党政治的呼声甚高，章士钊曾有心组织一个政党，但未见成功。

抗战胜利后，毛泽东亲赴重庆与蒋介石举行高峰会晤。谈判之余，毛泽东会见各方人士，听取他们的意见，宣传中共的主张。其中一次，毛泽东找章士钊叙谈，询问他对时局的看法，章直言相告，蒋介石无和谈之诚意，重庆不是久留之地，并说"三十六计，走为上计"，要毛泽东尽快离开重庆。

抗战胜利后，章士钊曾短暂主持过《申报》馆，但没几天就因国民党严厉的审稿而辞职。辞职后，他在上海再执律师业。当时全国上下强烈要求严惩汉奸，国民政府遂先后颁布《处理汉奸条例》和《惩治汉奸条例》，组织法庭审判汉奸。章士钊此时接手了一些汉奸案件，担任他们的辩护律师，其中有周佛海、梁鸿志、殷汝耕等大汉奸。他接手的案子中不少被告大多与他有过交情，他们的亲属找上门来，他不得不应承。接手这样的案子，章士钊心情矛盾。一方面对他们落水失足十分痛恨，另一方面，既当律师，就得尽力为被控人辩护。由于国民党曾经对这些汉奸进行过策反活动，尤其是抗战行将结束时，曾对不少汉奸被委以重任，令其"负责维持地方秩序"，以阻止中共领导的八路军、新四军对沦陷区的接收；《惩处汉奸条例》也明确规定，汉奸若"曾为协助抗战工作，或有利于人民之行为，证据确凿者得减轻其刑"。章士钊在辩护时，首先肯定这些人犯有汉奸罪，在此前提下，主要从被告曾接受国民党策反或是抗战后期曾经接受国民党的任命"维持地方秩序"等方面，寻找他们"有利抗战"之证据。比如，他为周佛海辩护时，其基本说法是："被告历任显要伪职，触犯汉奸条例，此不争之事迹，无可为讳。然有附带一义不可不明白声叙者：则唯其任职显要，协助抗战工作始克有所表著也。"一方面于民族大义不亏，另一方面又不负律师职责。此后几年，章士钊一直在上海当律师。1947 年 1 月，中华民国法学会开第四届年会，章士钊与居正等被选为学会理事。

1949 年元旦，蒋介石发表《新年文告》，称"只要共党一有和平诚意，能作确切之表示，政府必开诚相见，愿与商讨停止战争，恢复和平的具体办法"，并提出和谈条件。一贯迷信武力的蒋介石这时提出"和谈"，不是真想和谈，而是形势所逼。针对蒋介石的求和声明，毛泽东发表《战犯求和》，指出蒋介石的条件是要保存伪宪法、伪法统、反动军队，是继续战争的条件，而不是和平的条件。以和谈的方式解决问题，实现全国解放，减轻人民之苦难，减少破坏，也是中共所愿。为能在万一之中求得和平解决之道，也为揭破蒋介石的和谈真面目，中共于1月14日发表《关于时局的声明》，针对蒋介石的和谈条件，提出了八项和谈条件。

1月21日，蒋介石宣布下野。次日，李宗仁就任代总统。李上台后，急于和谈，马上宣布同意以中共的八项条件为基础进行和谈。2月8日，李决定派颜惠庆、章士钊、江庸以"上海人民和平代表团"的名义前往北平，同时邵力子以个人身份随团北上，与中共接洽。2月14日，"上海人民和平代表团"乘专机到北平，住六国饭店。经过十余天与中共领导层的接触，代表团为正式会谈开辟了途径。当时蒋介石虽名义上下野，但仍然控制着局势，中共对李宗仁是否有谋略和能力深表怀疑。经邵力子、章士钊等人反复解释，中共才决定以李宗仁为对手进行和谈。27日，四代表由北平飞回南京。

此后，国民党方面着手和谈准备。经过反复酝酿，国民党方面确定的和谈腹案要点是，在承认中共八项条件的基础上讨价还价，逐条力争。最低要求是使中共军队不要过江，划江而治；确定的和谈代表为邵力子、张治中、黄绍竑、章士钊、李蒸、刘斐六人，其中只有章士钊非国民党人士。与此同时，3月5日至13日，中共中央在西柏坡召开七届二中全会，制定了和谈方针："我们的方针是不拒绝谈判，要求对方完全承认八条，不许讨价还价。其交换条件是不打桂系和其他国民党主和派；一年左右也不去改变他们的军队；南京政府中的一部分人员允许其加入政治协商会议和联合政府；对上海和南方的资产阶级的某些利益允许给以保护。"3月26日，中共发布和谈代表名单：首席代表周恩来，代表林伯渠、林彪、叶剑英、李维汉（后来又加派聂荣臻），以齐燕铭为秘书长，并要求国民党代表携带为八条所需的必要材料，于4月1日到北平谈判。

4月1日，"南京政府和平商谈代表团"从南京飞到北平。临行前，李宗仁表示，赋予代表团全权，只要代表团同意，他就可以签字。商谈当晚即开始。从第二日起一直到4月7日，都是双方代表个别对话，交换意见。13日起，开始第一轮正式会谈，中共代表提出《国内和平协定草案》。双方代表连续讨论两天，南京代表提出四十多处修改意见，主要是要求词句力求缓和，目的是希望南京方面能够接受。15日晚开始第二次正式会议，讨论《国内和平协定》的有关细节，当晚通过。中共代表团同时宣布，谈判以4月20日为最后期限，南京政府应于此前签署该协定，不签字解放军就要渡江。

正式协定中，南京代表提出的四十多项修改意见中，有半数以上被采纳，最重要者如关于惩处战犯，删除"元凶巨恶""首要次要"等字样；关于改编军队，把"南京政府和所属军队置于人民革命军事委员会指挥统辖"一句删掉。南京代表团讨论后认为，中共让步已经不小，协定可以接受。乃公推黄绍竑以及代表团的顾问屈武带协定回南京，劝李宗仁、何应钦接受。

4月21日凌晨，李宗仁复电张治中等，不同意签字。当日，毛泽东、朱德下达渡江作战命令。为再一次争取李宗仁，命令说："在人民解放军包围南京之后，如南京李宗仁政府尚未逃散，并愿意于《国内和平协定》上签字，我们愿意再一次给该政府以签字的机会。"当日凌晨，解放军百万大军横渡长江，国民党政府官员各自逃命。23日，李宗仁到桂林，意存观望，再定行止。那时，国民党劝驾的说客络绎不绝，要李宗仁去广州维持国民党的摊子。次日，章士钊、邵力子急电李，劝他不要去广州，希望他"在桂林开府，继续以和平大义相号召"，但是李还是去了广州。

5月，刘斐要去香港接眷属，章士钊又与邵力子于5月18日联名给李宗仁写了一封长信，要刘斐设法转交李宗仁。这封信偏重辩理，情文并茂，对李宗仁自食其言不签署协定表示不解，对李宗仁不胜主战分子之威胁利诱，跑到广州，"同流合污，阳为僚案，阴为傀儡"，甚为伤感。对于国民党内一些人说《国内和平协定》条件过于苛刻，接受协定就是投降，就是出卖国民党的说法，提出反驳，信中称："某等之愚，以为天下公器，非可力取。中共今日之成功，固由于本身依靠民众，组织坚强，而亦因国民党反乎民之好恶，馁败无能。三年之间，党府从全胜以至惨败，迄犹秋风卷箨，不至扫地以尽不止。此在中外历史尚无前例。大势如此，人心可知。真爱国者处此，应掬诚作最后计较，苟能为国多存一分元气，为民多救一人性命，试问尚有何顾忌而不为？或曰：和平名耳，其实降也。欲以此提振困兽犹斗之精神，拼作铤而走险之末计。嘻！斯何时也，顾倒行逆施乃尔？固同族之争，败固非辱。政权过久，交叠有时。……今日国民党之不适，与中共之应取，岂不如十日并照之明。于此犹必以国家为孤注，人民为刍狗，不忍于政权一日之得失，甘犯穷兵黩武之罪名，对人恕道全失，对己后患莫测，岂非大愚不灵之甚者乎？"劝李宗仁以国家人民为重，贯彻和平主张。

从2月以至5月，章士钊等和谈代表受李宗仁的委托，本着"为国多存一分元气，为民多救一人性命"的善良愿望，两度赴北平与中共代表团商谈和平问题。从国家民族利益的角度看，他们想争取和平。从他们对国民党的态度看，他们根据李宗仁亲口所说以中共提出之八大条件为基础，逐条力争的原则，折冲樽俎，确实不负所托。

五、1949 年后的章士钊

和谈失败之后，章士钊留在北平。6月，毛泽东、周恩来商请章士钊、刘斐南下香港，配合中共南方分局就近争取程潜、陈明仁起义，以实现湖南的和平解放。章、刘二人欣然领命南下，积极推动程潜、陈明仁发动起义。不久，章士钊由香港回到北平，以特邀代表的身份参加新政治协商会议，被选为第一届全国委员会委员，以后又参加开国大典。从那时起，一直到1973年病逝香港，他基本上是在北京度过的。其间，章士钊被推选为第二、三届全国委员会常务委员，全国人民代表大会第一届、第二届代表和第三届常务委员，历任政务院法制委员会委员、中央文史馆馆长等职。

二十世纪五六十年代的中国大陆，政治运动接连不断。作为一个经历十分复杂的人物，章士钊也受到过冲击。1957年，反右运动中，全国政协召开座谈会，征求民主党派以及无党派民主人士的意见，章士钊在发言中表示，希望中共保持廉洁奉公、不谋私利的优良传统，并引用"物必自腐而后虫生"这句古话来说明有关问题。这一番发言引起猛烈的批判，一些委员说他"攻击党和社会主义"。后来毛泽东发下话说，章行老在政协的发言用意是好的，章士钊才过了关。1966年8月，一群红卫兵冲进章士钊的家，对他进行批斗。章士钊气愤之余向毛泽东写信反映情况，毛泽东接信后，就要周恩来布置保护章士钊。周恩来乘此机会，拟定了一批应予保护的著名民主人士的名单，将他们保护起来。

但总体而言，他的晚年还算是比较安稳，没有什么大的冲击，原因就是他与毛泽东有非同一般的关系。章士钊为湖南人，又是毛泽东的老师兼岳父杨怀中的好友。章士钊办《甲寅》月刊时，毛泽东正在湖南省第一师范求学，杨怀中十分推崇章士钊的政论，受其影响，毛泽东常向同学、朋友借阅《甲寅》。1920年，杨怀中曾致函章士钊，称述他的两个得意门生毛泽东与蔡和森："吾郑重语君，二子（即毛泽东、蔡和森）海内人才，前程远大，君不言救国则已，救国必先重二子。"5月，毛泽东由北京南下到上海，找陈独秀讨论马克思主义以及改造湖南的问题，同时组织新民

1960 年 4 月，周恩来在西花厅会见全国人大代表、全国政协委员和他们的家属。前排左三为章士钊。

学会会员留法勤工俭学。毛泽东拿着杨怀中给章士钊的信去拜访章士钊，希望他帮助解决留学经费。因有杨怀中的推荐，章士钊设法从湖南米盐公款中筹到两万元给毛泽东。毛泽东后来多次提起此事。从 1963 年起，毛泽东决定还这笔欠了近五十年的"债"，每年两千，一直还到章去世为止。说是还债，其实是以一种章士钊可以接受的方式给他一点生活补助。由于这一层关系，章士钊晚年受到毛泽东的照顾，境况比一般的民主人士要好。个人生活虽然不错，但章士钊故旧不少，一些人生活有困难，或者受到冲击，也愿意找章帮忙，对于这些人情请托，章士钊一般都很仗义。

章士钊晚年还有两件事值得一提，一是《柳文指要》的出版，一是他为祖国统一奔走。

章士钊自少就好柳宗元的文章，对柳宗元为文的简洁有法，十分推崇。他的文章就深受柳宗元的影响，颇有柳文的风格。章士钊研究柳文数十年，有许多独到的心得和体会，积累了不少材料，把自己多年研究柳文的心得体会总结出来，是章士钊晚年的最大心愿之一。1971 年，中华书局出版了他的《柳文指要》，该书为十六开本，共十四册，以三号仿宋体印行。在

章士钊晚年在家著作《柳文指要》时所摄。

当时的中国大陆，规格相当高。该书上部为"体要之部"，按柳宗元文集的篇序逐一剖析柳文本身中的思想、背景、谋篇布局、语法、用词，等等。下部为"通要之部"，是把千年来人们对柳宗元以及其文章的评论，归入政治、文学、儒佛、韩柳交谊（即韩愈与柳宗元的关系）等几大部分，进行分析、评说。书中翻"八王两司马"之案，称赞唐顺宗为古来第一英主；表扬柳宗元以民为本的民本思想，否定韩愈的"民不出粟米丝麻则诛"的思想。书中也兼及现代政治，肯定1949年为中国历史一大分界，"盖公历一九四九年者，不啻中国麟止开制之岁也"。《柳文指要》是用文言写的，但章士钊在1966年春为该书写的跋中说："若夫1949年开国以后则不然。全国公私文字，一律以语体文行之，《毛泽东选集》成为唯一典型，君师合一，出言为经。……以与古文相较而特显其壮大。"从此不再坚持文言文了。

　　章士钊一生经历清末、民国、中华人民共和国三个时期，经历极其复杂，交友遍天下，他的朋友既有清末的革命党人以及民初的国民党人，也

章士钊 1949 年参加中国人民政治协商会议时所摄。

有清末的立宪派以及民国初年的进步党人；既有政学系中的诸多要角、西南地方实力派中的大佬，也有北洋政府的要人；既有思想相对保守的保守主义分子，也有鼓吹新文化、新思潮的人物，甚至有不少共产党人。正因为他有着这样广泛的社会关系，所以，1949 年国共和谈时，国民党代表团中只有他是非国民党人。

国民党退居台湾后，出现两岸对峙的局面。同许多爱国人士一样，章士钊心系祖国的统一大业。

1955 年，万隆会议召开前，毛泽东对前去参加会议的周恩来提出，可以相机提出美国撤出在台湾的武装力量之后和平解放台湾的可能与意向。会议之后，周总理在人大会议上正式提出"中国人民愿意在可能的条件下和平解放台湾"。1957 年，毛泽东又提出，要以第三次国共和谈的形式解决台湾问题。中共的这些建议随即引起反响，蒋介石也把"反攻大陆"的重点由军事转到政治方面，并秘密派人到大陆进行接触。

与国民党上层有广泛交往的章士钊，对于和平解决台湾问题，实现祖国统一，更感有效力之义务。1956年，他就通过他在香港的关系，托人将中共领导人致蒋介石的一封信带到蒋介石的手中，信中告知蒋介石，他去台湾后，"奉化之墓庐依然，溪口之花草无恙"，同时提出和平统一的具体意见：（一）除外交统一于中央外，台湾的人事、军政大权，均由蒋介石管理；（二）若台湾建设资金不足，中央政府可以补助；（三）台湾的社会改革从缓，条件成熟时，也将是在尊重蒋介石的意见，并与台湾各界协商的基础上进行改革；（四）国共双方相互保证不做破坏对方之事。这封信发出之后，蒋介石派宋希濂的哥哥宋宜山到大陆探听虚实。宋宜山在给蒋介石的报告中，报告了中共对台的新政策，并说中共有和谈诚意。对这些，蒋介石颇感兴趣，但是他对报告中颂扬大陆的内容甚反感，遂将报告搁置。之后反右运动开始，宋宜山也没有再来大陆。

　　为打开与国民党重开和谈之门，实现祖国和平统一，章士钊不顾年迈

毛泽东与章士钊在机场。

周恩来与章士钊夫妇合影。

体弱，于 1962 年和 1964 年两度赴港，找与台湾高层有联系的朋友。据当时港台报刊推测，章士钊是中共的"和谈专使"，他带去的条件是：最低是暂时不进行谈判，可以先实现双方的人员互访，进行接触，以利相互了解；最高是重开和谈，条件是台湾承认是中华人民共和国的一部分，台湾在中华人民共和国的地位略相当于当年陕甘宁边区在中华民国的地位，可以拥有自己的政府、军队以及党组织，经费不足可以由大陆补助。但是台湾当局对此条件反应冷淡，而在港诸友也不热情，其诗中称"我行不畏人，其奈人避我。平生知心友，望见身先躲"。

1973 年 5 月，已经 92 岁的章士钊在周恩来的亲自安排下，再次赴港，为两岸和平奔走。6 月底，由于本来就年老体弱，加以又不适应香港的气候，章士钊病倒，7 月 1 日凌晨病逝。随后，在新华社香港分社的主持下，在香港举行三天的公祭，港澳各界有一千多人参加。之后，章士钊的骨灰运回北京。7 月 12 日，又在北京八宝山革命公墓礼堂为他举行了盛大的追悼会。

　　章士钊年老体弱，依然为祖国统一奔走，令人钦佩。他数次赴港活动，向台湾当局发出中共愿重开和谈的信息，这些对台湾以及海外华人世界所产生的影响不可低估。

章士钊年谱简编

1881 年

3 月 20 日，生于湖南长沙。父章锦为塾师，又通医道，在地方有较高威望。兄弟四人，长士瑛（字秬年）；次士爵；三士钊（字行年，又字行严）；四士戥（又名勤士，字陶年）。

1894 年

中日甲午战争爆发。孙中山在檀香山创立兴中会。

1895 年

《马关条约》签订。康有为等发起"公车上书"。

祖父润生公去世。

1897 年

参加长沙县试，结识秦力山；因立志走文学之路，与沈荩、舒闰祥等维新分子有交往。

1898 年

母刘氏去世，为生计所迫到亲戚家任童子师。

是年，百日维新。

1899 年

康有为、梁启超创建保皇会。

1900 年

秦力山、沈荩、舒润祥等参与自立军起义。起义失败后，舒就义，秦、沈等逃亡。

是年，义和团运动爆发，八国联军侵华。

1901 年

9 月，《辛丑条约》签订，年始弱冠的章士钊有济世之意。冬，外出游学，先到武昌，在两湖书院结识黄兴。

1902 年

春，由武昌到南京，入江南陆师学堂。

是年，梁启超创办《新民丛报》，介绍西方近代思想与学说，章士钊颇受其影响。

4 月，蔡元培等在上海组织中国教育会。11 月，南洋公学发生学生退学风潮，随即，退学学生在中国教育会的帮助下，成立爱国学社。

1903 年

4 月，江南陆师学堂发生学生退学风潮，章士钊率退学学生赴上海参加爱国学社，走上"废学救国"之路。

6 月 1 日起，主笔《苏报》，鼓吹"排满"革命，排击保皇维新论。

8 月，与陈独秀等创办《国民日日报》，于鼓吹"排满"的同时，注意鼓吹资产阶级民主思想。

△在办报的同时，又编译《孙逸仙》，编辑《苏报案纪事》，撰写《沈荩》等小册子，宣传革命。又与人合作创办"东大陆图书译印书局"，刊印《黄帝魂》等革命书籍。

11 月，随黄兴回长沙，参与华兴会的创建。

1904 年

△春，与杨笃生在上海组织华兴会的外围组织"爱国协会"。

10月，华兴会策划的长沙起义失败。

11月，在上海策划刺杀前广西巡抚王之春，未遂，并因此下狱，牵连黄兴等一批革命党人。

是年，日俄战争爆发。

1905 年

1月，出狱，随即赴日本。改"废学救国"为"苦学救国"，"绝口不谈政治"。8月，中国同盟会成立，朋友一再敦劝，章士钊坚不入会。

1906 年

△是年，在正则英语学校学习英文，又在实践女校教授古汉语。

是年，清廷宣布预备立宪。

1907 年

1月，因病住院。写成《中等国文典》一书。

△是年，离日，经沪抵英留英。

是年，革命党在两广发动多次起义；立宪派组织政闻社、宪政公会。

1908 年

是年，革命派在钦、廉、上思一带发动起义；立宪派发起国会请愿运动。

1909 年

春，入阿伯丁大学，习政治法律。同年，杨昌济、杨笃生亦入阿伯丁大学。章士钊与二杨"行影相吊，自始未离一步"。

是年，各省成立谘议局。

1910 年

9月起，为《帝国日报》撰写社论，鼓吹政党政治。

11月，在《国风报》发表《论翻译名义》，此事后被激进分子看作章士钊曾经依傍康、梁的证据。

1911 年

4 月，革命党发动黄花岗起义，失败。8 月，杨笃生在利物浦跳海自杀，留英学生及旅英华侨为之举行追悼会。章士钊曾参与营葬，但未参加追悼会，受人非议。

10 月 10 日，武昌起义爆发。随后，各省纷纷响应。11 月，孙中山抵伦敦进行外交活动，章士钊往见。

1912 年

1 月 1 日，中华民国临时政府成立。

2 月初，由英伦回到上海。随后，应于右任等人之邀，主笔《民立报》，鼓吹政党内阁、议会大权、立法上中央集权、行政上地方分权的"强有力政府"，关注人民自由权利。

8 月 16 日，著名革命党人张振武、方维被害于北京。章士钊连续发文，认为中国实行的是内阁制，总统袁世凯对张、方案不负责任。同盟会之激进分子则认为总统袁世凯应负责任。由此，引起《民立报》与《民权报》的论战，章士钊因此被迫离开《民立报》。

9 月，创办《独立周报》，继续讨论民主政治的有关问题，主要是宪法问题，主张宪法由专家起草，而由国会议定。1913 年 2 月 9 日以后，未再给《独立周报》供稿，已脱离该刊。

△冬，赴北京。袁世凯极力笼络，求章士钊为宪法问题之"当家"。

12 月，经过章士钊的运动，江苏都督程德全通电要求由各省都督推举专家组织宪法起草委员会。

是年，3 月，《临时约法》颁布；8 月，临时参议院通过《国会组织法》及参众两院议员选举法；12 月，国会选举开始进行。

1913 年

2 月，袁世凯组织"宪法起草委员会"，试图与国会争夺宪法起草权。

因各方反对，该宪法起草委员会改为"研究宪法委员会"。章士钊参与此会。该委员会第一次开会，章士钊即提出应"先将开会之性质定出，宣布全国，对内对外，方有立脚之地"，于是杨度明确说，此会系研究会，"与起草会大异"。

3月，国民党领袖宋教仁在上海遇刺去世。宋案后，章士钊与袁世凯关系渐次疏离。

4月8日，第一届国会开幕。

4月中旬，表示"对于政治上之活动甚为冷淡"。

△约5月上旬，逃离北京，脱离袁世凯。随即奉命游说岑春煊、黎元洪支持国民党反袁。7月，参加二次革命，起草《讨袁宣言》，任江苏讨袁军总司令部秘书长。7月底，讨袁失利，逃往日本。随后，逃往海外的革命党人分化为激进与稳健两派。

11月，袁世凯下令解散国民党，国会以不足法定人数停会。

1914 年

1月，袁世凯下令解散国会。5月，《中华民国约法》公布。

5月，在东京创办《甲寅》月刊，着重从理论上捍卫民主政治的价值，批判专制独裁理论，总结民初民主政治试验的经验教训，检讨民初政治理论的失误，探索中国走向民主政治的道路。杂志出刊后，"一时风行全国，产生了难以估量的影响"。

△5月，《甲寅》杂志社被夏重民等激进革命党人捣毁，事后袁世凯通过密探传达问候，试图收买章士钊，为章拒绝。

7月，第一次世界大战爆发。

11月，日本借对德宣战，攻占青岛。中日关系紧张。

1915 年

1月，中日"二十一条"交涉开始进行。

2月，欧事研究会两度发表对时局的声明，表明：革命党绝无趁袁政府外交困难之机，借外力发动第三次革命之图。5月，袁政府接受"二十一条"。

△约在7、8月间，受欧事研究会委托，到日本拜见孙中山，表示欧事研究会希望与中华革命党捐弃前嫌，共图革命。

8月，筹安会成立。帝制运动甚嚣尘上。

9月，陈独秀创办《青年杂志》。

12月，袁世凯公开称帝，护国战争开始。

1916 年

年初，随岑春煊赴日本进行外交活动。

5月1日，两广护国军都司令部在肇庆成立，岑春煊为都司令，章士钊为秘书长。8日，军务院在肇庆成立，章士钊任秘书长。

6月，袁世凯病死。章士钊受岑春煊和军务院之委派赴沪活动，联络各方人物，协商战后政治安排。7月，受岑春煊之委托赴京会见黎元洪，商谈善后事宜。

8月12日，国会重开，参与国会活动。时国会内分商榷系与研究系，两大派在宪法问题以及对德外交问题上争论激烈。章士钊在宪法问题上，主张近于研究系，而在对德外交问题上，主张近于商榷系。

1917 年

1月底，在北京恢复《甲寅》（先为日刊，后为周刊），继续阐发调和立国的理论，阐发其对于宪法以及时局问题的主张。

3月，国会通过政府提交之对德绝交案。为容纳各派势力，提出创设特别国务会议、增造不管部之国务员的主张，并在《甲寅》日刊上组织讨论。

4月，回长沙参加黄兴、蔡锷的葬礼，并在明德学校等地发表演讲。

6月，黎元洪被迫解散国会。7月，张勋复辟，随即失败。8月，国会在广州开非常会议。9月，孙中山组织护法军政府；北方组织临时参议院。

11月，入北大任教并兼图书馆主任，所授课程为"论理学"及"逻辑学史"。为加强北大教材建设，推动学术研究，向蔡元培建议组织编译社，编译西方学术著作。12月，北大编译社成立，当选为评议员。

1918 年

5月，护法军政府改组，不久，发布以章士钊为军政府秘书厅厅长。是月28日，章入见代理总统冯国璋，言时局尚有和平之途，愿意奔走南北，任调停之责。

△夏，离开北大，南下就任军政府秘书长，追随岑春煊。

11月，第一次世界大战结束。是月，以护法军政府陆军少将之身份赴日活动，其间应邀作《欧洲最近思潮与吾人之觉悟》的演讲。

1919 年

2月，南北和谈在上海举行，充岑春煊之代表。

5月，北京发生五四学生运动。南北和谈破裂。

9月底，在上海应寰球中国学生会之邀作题为《新时代之青年》的演讲，提出新旧调和论，引起新文化阵营的批评。

△约9、10月间，杨昌济自京致书，劝章"幡然改图"，退出政治旋涡，重归思想文化事业。

10月，南方护法阵营发生内变，章对报界发表谈话，说他准备脱离政治，重回思想文化事业。

12月，暂时放弃出国计划，继续追随岑春煊。旋任西南大学筹备员。

△约在年底，受岑春煊等之委派赴上海、南京等地，代表桂系与直系接洽，商议两派联合制约皖系之事。

1920 年

1月，在《中华新报》发文，说国会无权制宪。时南方国会正在制宪，直系通过章士钊向桂系提出警告，希望对此予以制止。因此，政学系议员在会场破坏制宪，而桂系则对国会施加压力。29 日，南方国会革除章士钊之议员资格。

△夏，毛泽东为组织新民学会会员留法勤工俭学事赴上海，曾持杨昌济之信拜访章士钊，请章帮助解决经费，章为之筹到两万元。

10 月，桂系在粤桂战争失败，岑春煊下野。

1921 年

2 月 17 日，由上海出发赴欧洲考察，先赴英国。夏，拜访萧伯纳、威尔斯、潘悌等人，请教救治中国之道，逐渐形成其系统的以农立国的思想主张。

是年 7 月，中国共产党成立。

1922 年

5 月，直系在直奉战争中获胜，思恢复法统，以统一中国。8 月，第一届国会再次复活。

9 月，因父丧结束考察回到上海。随即回湖南办理丧事，并在长沙各校发表演讲，鼓吹以农立国。

11 月，北上出任北京农业专门学校校长，同时参加国会活动。

1923 年

4 月，在《申报》发表《论代议制何以不适于中国》一文。

6 月，直系军阀发动政变，总统黎元洪被迫离京。随后，部分国会议员南下，章士钊亦赴沪。

7 月起，主笔上海《新闻报》，发表了文章数十篇，非代议而鼓吹以农立国。

10 月，曹锟贿选案发生，国会名声扫地。

1924 年

10 月，冯玉祥发动政变，囚禁曹锟。

11月，应段骏良之邀，加入段祺瑞集团，提出段出山后的基本政策：不用大总统或大元帅的名义，而用"临时执政"的名义进行集权；查办贿选议员，停止旧国会议员的活动；以革命相号召，毁弃法统，另行召集宪法起草委员会起草宪法，并召集国民会议议决宪法，然后依宪法成立正式政府。

是年1月，中国国民党改组。

1925 年

4月，以司法总长而兼教育总长，上任之后，以整顿学风自任，提出清理积欠、合并八校、宏奖著述、加强考试等四大措施。

5月7日，北京学生因举行国耻纪念会受阻，捣毁章士钊宅。

7月，出版《甲寅》周刊，以发挥其尚立农、诋欧化、非代议、倡业治、卫文言、拒白话的思想主张，宣传其整顿学风的教育政策。8月，下令停办北京女子师范大学，引起风潮。

11月，北京发生"首都革命"，游行群众再次捣毁章士钊住宅。

是年3月，孙中山在北京病逝。

1926 年

2月，出任执政府秘书长。3月，"三·一八"惨案发生。舆论多认为章士钊为罪魁祸首之一，章发表声明，否认自己与惨案有牵连。

4月，段祺瑞下野，章士钊亦随即结束这一段颇遭非议的从政生涯。

7月到9月，为《国闻周报》撰稿，继续鼓吹以农立国论。

1927 年

4月，第一次国共合作破裂。同月，李大钊在北京被奉系军阀逮捕，营救未果。

1928 年

7月，遭南京国民政府通缉，违难上海。年底，赴欧洲游历。

1929 年

游历英、比、德等国。居德国时，潜心研究弗洛伊德之心理分析理论，翻译《弗洛伊德叙传》及斯辟伯《情为语变之源》。

1930 年

春，任东北大学文法学院教授，讲授"中国政治思想史"与"形式逻辑"。

1931 年

9 月，九一八事变发生。辞东北大学教职，赴上海，办"章士钊律师事务所"。

1932 年

10 月，陈独秀被捕。

1933 年

4 月，江苏高等法院假江宁地方法院对陈独秀进行公开审理，章士钊义务为陈辩护。

1936 年

10 月，出任冀察政务委员会法制委员会主任。

1937 年

7 月，卢沟桥事变爆发。

1938 年

3 月，梁鸿志等在南京组织"中华民国维新政府"。梁试图拉章下水，章坚拒。5 月，在杜月笙帮助下，离沪赴港。

1939 年

2 月，由香港到陪都重庆。出任国民参政会参政员。

1943 年

《逻辑指要》在重庆出版。

1944 年

△秋，国内民主宪政运动蓬勃发展，曾有意组织，未果。

1945 年

8 月，日本宣布无条件投降，抗战胜利。28 日，毛泽东亲抵重庆，参加和谈。谈判之余，毛泽东广泛接触各界人士，章士钊拜见毛泽东时，曾提出，重庆不安全，当尽快离开。

1946 年

7 月，全面内战爆发。

是年，回上海，再执律师业。

1947 年

1 月，被选为中华民国法学会理事。

1949 年

1 月，蒋介石发表《新年文告》，表示愿意和谈，随后，蒋通电下野，李宗仁以副总统代理总统职。

2 月到 4 月，参与南北和谈。

6 月，受毛泽东等委托，南下香港，协助策动程潜、陈明仁发动起义，以实现湖南和平解放。

9 月，中国人民政治协商会议在京召开，以特邀代表出席，当选为全国政协委员。以后连任四届。

10 月 1 日，中华人民共和国成立。

1954 年

被选为全国人大常务委员会常务委员。1958 年、1964 年连任。

1956 年

通过其在香港的关系，托人将中共高层给蒋介石的信转交于蒋。该信提出中共对于和平统一的意见，并告诉蒋"奉化之墓庐依然，溪口之花草无恙"。

1971 年

《柳文指要》出版。

1973 年

赴香港，为和平解决台湾问题而奔走。7 月 1 日，因病在香港去世，享年 92 岁。